# सिक्युरिटी ज्ञानेश्वरी

# सिक्यूरिटी ज्ञानेश्वरी

## फिजिकल सिक्यूरिटी

दीनबंधु राय "डी बी"

# Notion Press

Old No. 38, New No. 6
McNichols Road, Chetpet
Chennai - 600 031

First Published by Notion Press 2017


ISBN 978-1-947137-41-7

सोमवार, 1 अप्रैल 2013

जय साईनाथ

गुरु ब्रह्मा गुरु विष्णु गुरु देवो महेश्वरः ।

गुरु साक्षात् परं ब्रह्म तस्मै श्री गुरुवे नमः ॥

बन्दउ गुरु पद पदुम परागा ।

सुरुचि सुबास सरस अनुरागा ॥

# अनुक्रम

# प्रस्तावना

२६ नवम्बर २००८ के बाद लोगों में सिक्यूरिटी यानी की सुरक्षा के बारे में जागरूकता बहुत ही बढ़ गयी । देशवासीयों को यह महसुस होने लगा की क्या हम वास्तव में सुरक्षित है? मात्र दस आतंकवादियों ने पुरे देश को ६० घंटे तक बंधक बना कर रखा । राज्य एवं देश की सुरक्षा एजेंसियों को समझ में नहीं आ रहा था कि क्या किया जाय । राज्य प्रशासन पूर्ण रूप से बिफल रहा । किसी भी प्रशासनिक एजेंसियों का आपस में सम्बन्ध नहीं दिख रहा था । अंत में देश की प्रमुख एजेंसी "नेशनल सिक्यूरिटी गार्ड" का सहारा लेना पड़ा । लगभग ६० घंटे का ऑपरेशन चला । मीडिया और प्रेस ने इस घटना को पुरे मसाला के साथ लोगों में परोसा । बाद में राज्य प्रशासन को एहसास हुआ की घटना के दौरान आतंकवादियों को निर्देश, टीवी कवरेज को देखकर दिया जा रहा था । सरकार और बुद्धिजियों ने इसके बारे में मीडिया को अपनी जिम्मेदारी का एहसास कराया । लेकिन प्रश्न उठता है कि एक करोड़ की आबादीवाले शहर को दस लोगों से छुड़ाने के लिए ६० घंटे से ज्यादा वक्त क्यूँ लगा? आतंकवादियों को जो चाहिये था, वो सब मिल गया था । हर एक आतंकवादी संगठन का एक ही मकसद होता है की लोगों में एक दहशत पैदा किया जाय । जो यहाँ, उन्हें हमारी कमजोरी के वजह से इसका पूरा फायदा मिला । जैसा की हर समय होता है की हर घटना के बाद एक कमीशन का गठन कर दिया जाता है । उसका परिणाम आने में सालो - साल लग जाते है और होता कुछ भी नहीं । बस ढाक के तीन पात । खोज जहाँ से चलती है और वही पर ख़तम हो जाती है । इन दहशतगर्दीयों से निपटने के लिए एक मजबूत इच्छा शक्ति की जरूरत है ।

सितम्बर ११, २००१ की घटना के बाद अमेरिका ने बहुत कुछ सिखा । उन्होंने एक मजबूत इच्छा शक्ति दिखाई । उन्होंने कड़े कानून तथा आतंकवाद से लड़ने के लिए एक मजबूत संगठन (डिपार्टमेंट ऑफ़ होमलैंड सिक्यूरिटी) बना दिया । जनवरी २४, २००३ को इस डिपार्टमेंट में पहले से बनी लगभग २२ फ़ेडरल एजेंसियों के लगभग १,७०,००० स्टाफ को एक डिपार्टमेंट में मिला दिया । इस डिपार्टमेंट को जिस चीज की आवश्यकता थीं, उसको पुरे दिल से पूरा किया गया । इसका परिणाम यह निकला की आज तक ९/११ के बाद कोई भी बड़ी घटना नहीं घटी ।

हमारे देश का एक प्रचलन है कि हर एक घटना के बाद, पडोसी देश को या किसी एक नामचीन माफिया डान से उस घटना में हाथ होने का जिम्मेदार बना दिया जाता है । हर बार लांछन लगाते हुए, उन्हें धमकी दी जाती है की वे सुधर जाये नहीं तो इसका परिणाम बहुत ही बुरा होगा । होता कुछ भी नहीं है और घटनाये हर दिन घटती रहती है । इसे रोकना बहुत ही मुश्किल हो गया है । हर साल सैकड़ो बेगुनाहों की जान चली जा रही है ।

अब समय आ गया है की हर नागरिक को अपनी, राज्य और देश की सुरक्षा की जिम्मेदारी को संभालना बहुत ही जरुरी हो गया है । नहीं तो देश की धन - जन की असिमित हानि होती ही रहेगी । लोगों की जागरूकता ही इस देश को बचा सकती है । भारत में सिक्यूरिटी गार्ड को एक सम्मानजनक निगाह से नहीं देखा जाता है । गरीब एवं जो लोग किसी कारण बस शिक्षा नहीं पूरी कर पाते है, इस व्यवस्था में पेट जिलाने के लिए मज़बूरी में आते है । न तो उनको अच्छा वेतन मिलता है और नहीं उनको अच्छा प्रशिक्षण । प्रशिक्षण न मिलने के वजह से उन्हें सिक्यूरिटी का महत्व नहीं मालूम होता है । वेतन की कमी उनको दूसरा कुछ अतिरिक्त कमाने के लिए मजबूर करता है । इन दोनों मुख्य कारणों के वजह से उनके काम की योग्यता पर असर पड़ता है । अभी तक हमारे देश में कहीं पर कोई इस तरह की शिक्षा का

प्रबंध नहीं है, जहांपर ऐसे लोग प्रशिक्षित हो पायें। २६ नवम्बर की घटना के बाद, लोगों में जागरूकता बढ़ने के बाद, बहुत से विदेशी एवं देशी कंपनिया बाज़ार में आ गयी। २६ नवम्बर की घटना के पहले आप जाकर, किसी भी आर्गेनाईजेशन के चीफ सिक्यूरिटी ऑफिसर के ऑफिस को देखें तो पाएंगे की उनका दफ्तर उस आर्गेनाईजेशन के बेसमेन्ट में या दूर किसी कोने में मिलेगा। अभी कुछ सुधार देखने को मिल रहा है। CSO की राय को भी अहमियत मिलने लगी है।

सिक्यूरिटी में आज भी वही लोग सम्मिलीत होते है, जिनको कही पर नौकरी नहीं मिलती है। मुख्यतः समाज के मध्यम वर्ग एवं उससे निचले स्तर के लोग ही जीवकोपार्जन के लिए इस व्यवस्था में आते हैं। अभी तक सरकार के तरफ से कोई भी विशेष ध्यान नहीं दिया गया है। यह दुर्भाग्य की बात है की हर एक शहर में पुलिस से तीन गुनी तादाद में प्राइवेट रक्षक हैं। लेकिन सरकार उनका भरपूर फायदा नहीं उठा पा रही है। विदेशों में इसकी पढाई में स्नातक एवं स्नातकोत्तर की व्यवस्था है। सुरक्षा एजेंसियों की तरह सुरक्षा रक्षक को भी लाइसेंस लेने की जरूरत पड़ती है। भारत में भी अब धीरे - धीरे इसमें प्रयास हो रहा है। लेकिन इसमें और सुधार लाने की आवश्यकता है।

इस किताब को हिंदी में लिखने का मूल मकसद यह है कि जिन लोगों को अंग्रेजी नहीं आती है, वो इससे कुछ ज्ञान अर्जित कर सकें। ज्यादा से ज्यादा सुरक्षा रक्षक हिंदी भाषी है। लेकिन कोई भी ऐसी पुस्तक नहीं है, जहां से वे ज्ञान अर्जित करें। अंग्रेजी में लिखी किताबे इतनी महँगी हैं कि उसे वे खरीद नहीं पाते हैं।अपनी ३० साल के कार्यकाल के अनुभव को इस किताब में उतारने का प्रयास किया है। बहुत से शब्द अंग्रेजी में ही बहुत प्रचलित है, इसलिए उन शब्दों को वैसे ही लिखा गया है। उनका हिंदी में अनुवाद आम आदमी के समझ से परे है। शब्दों को ज्यादा सरल रखने की कोशिश की गयी है, जिससे की पाठकगण को सहूलियत मिल सके

। बहुत से दोहा - चौपाई और श्लोक रामचरितमानस और गीता से लिया गया है । दोनों महान ग्रन्थ हमेशा प्रेरणादायक रहें है । लोगों को इन प्रेरणादायक शब्दों से बहुत अच्छा ज्ञान मिलेगा ।

मै अपने सभी गुरुओं, साथियों तथा परिवार का तहे दिल से शुक्रगुजार हूँ । हर एक का नाम लिखना मुनासिब नहीं होगा । जिनके सहयोग की बिना यह संभव नहीं था ।

– दीनबंधु राय "**डी बी**"

B.Sc, DIS, DPMIR, SPC, CPC

5th Dan – IOGKF Karate, 2nd Dan Aikikai Aikido

# अध्याय १

# सुरक्षा / सिक्यूरिटी

वह विधा जो जान – माल को नुकसान पहुचाने वाले तरीके से बचाए, उसे सिक्यूरिटी कहते है। प्राचीन काल से ही यह देखा गया है कि हर एक जीव अपना, परिवार एवं समाज को सुरक्षित रखना चाहता है। इसलिए लोगों ने अपने आप को संगठित किया और कुनबों एवं कबीलों में रहना शुरू किया। पहले की सुरक्षा बाहरी सीमा की रखवाली तथा अंदरूनी चोर – उच्चक्कों को सही जगह पर रखने के लिए ही की जाती थी। घरों एवं महलों की सुरक्षा के लिए पहरेदार रखे जाते थे। समय के बदलते हुए रूप के हिसाब से सिक्यूरिटी का रोल भी बदलता चला गया। पहले मुच्छड पहलवान, जो डंडे के साथ दरवाजे पर दरवानी करता था। अब जवान, पढ़े लिखे लड़के सूट - बूट और आधुनिक हथियार से लैस होकर सुरक्षाकर्मी का रोल अदा कर रहें हैं। बदलते परिवेश में सिक्यूरिटी के नए तौर तरीकों को समझना बहुत जरुरी है। किसी भी सुरक्षाकर्मी को निम्न तीन चीजों को समझना अति आवश्यक है।

1. किस चीज को सुरक्षित रखना है - **Object**
2. किससे उस चीज को खतरा है - **Threat/Vulnerbility**
3. उसको सुरक्षित रखने का क्या उपाय है - **Method/Countermeasures**

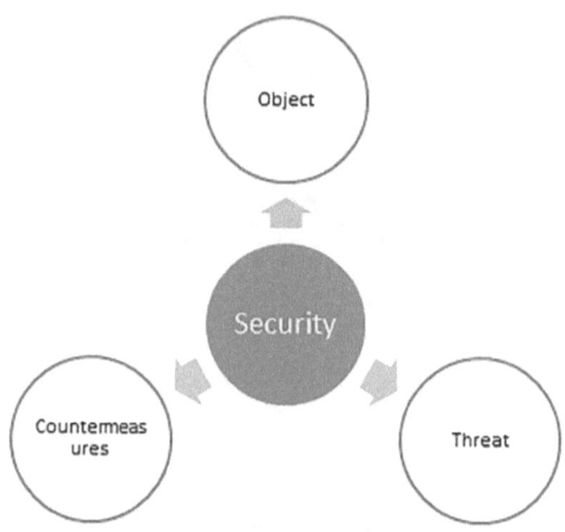


सुरक्षा का मतलब है की किसी तरह के जान - मॉल के नुकसान को रोकना। इसलिए इसे अंग्रेजी में कहा जाता है ' security is the degree of protection against danger, loss and crime' और इसे मजबूत बनाने वाले प्रोग्राम को कहते है " सिक्यूरिटी इन डेप्थ प्लान – security in depth plan "

आज की सुरक्षा को मुख्यतः तीन भाग में बांट सकते हैं।

अ - शारीरिक सुरक्षा (physical security)

ब - इलेक्ट्रॉनिक सुरक्षा (electronic security)

स - आपदा प्रबंधन (disaster management)

आज समय आ गया है जिसमे आदमी और उपकरणों (man and machine) का भरपूर सदुपयोग किया जाय। खाली किसी एक के भरोसे पर आज की सुरक्षा निर्भर नहीं है। इस साझे तंत्र को 'इंटीग्रेटेड फिजिकल सिक्यूरिटी/integrated physical security के नाम से जाना जाता है।

# वस्तु या जीव की सुरक्षा

किसी सुरक्षाकर्मी के लिए यह सबसे अहम् बात है । वो अगर इस बात से पूर्ण रूप से अवगत है की उसे किस चीज की सुरक्षा करनी है, तो उसे किसी भी तरह की भ्रांती नहीं रहेगी । वस्तु या जीव के बारे में जानकारी रख कर, उसे संभावित खतरे का आभास को ध्यान में रखते हुए उसके सुरक्षा के उपाय को रेखांकित किया जाता है । निम्न चार रूप में उसे वर्गीकृत किया जा सकता है ।

१ -  लोग – people

२ -  वस्तु – materials

३ -  सम्पति – property

४ -  सूचना – information, यह सबसे अहम् बात है

# लोग (People)

किसी भी कंपनी में कार्य करने वाले लोग उसकी सबसे बड़ी सम्पति है । यही लोग कंपनी के भाग्यविधाता होते हैं । बड़ी – बड़ी कंपनियों में बहुत से शेयर धारक होते हैं । इन शेयर धारकों का विश्वास, इन लोगों से जुड़ा होता है । इन लोगों की सुरक्षा का हमेशा ध्यान रखना चाहिए । कभी - कभी इसका उल्टा भी होता है । इनमे से ही कोई विरोधी कंपनी का मुखवीर न हो, इस बात का भी ध्यान रखना होता है । रिसर्च एंड डेवलपमेंट के मैदान में काम करने वालो को कुछ ज्यादा ही खतरा रहता है, जैसे कि कभी जान का तो कभी धोखा - धड़ी का ।

अगर कंपनी के लोगों के बारे में बात कर रहें हैं तो उनमे ग्राहक, विक्रेता, ठेकेदार और अन्य आगन्तुक भी आते हैं । अगर संस्था के अन्दर वे हैं तो उनके जान - मालकी सुरक्षा का दारोमदार सुरक्षा विभाग का होता है । कंपनी को आतंरिक एवं वाह्य लोगों की सुरक्षा का इंतजाम तो करना ही पड़ता है । साथ - साथ उनसे ही

कोई नुकसान न पहुचे, उसकी भी व्यवस्था करनी पड़ती है। लोगो के द्वारा निम्न खतरा होने की संभावना बनी रहती है।

१ -   मोर्चा या प्रदर्शन

२ -   चोरी

३ -   तोड़फोड़

४ -  विरोधियों के लिए जासूसी करना इत्यादि

## सामान

कोई भी सम्पति को इस वर्ग में रखा जा सकता है जिससे की कंपनी चलती है।इसमें कच्चे मालसे लेकर, पूर्ण माल तथा दुसरे उत्पाद को समाहित कर लें जैसे कि रासायनिक, तेल, ऑफिस का सामान इत्यादि

## सम्पति

इस वर्ग में कंपनी की अचल सम्पति को लिया जाता है। जैसे की इमारत, पालिसी और प्रोसिजर, सेल्स एंड मार्केटिंग इत्यादि

## सूचना

आज कल हर एक कार्पोरेट के लिए एक बेहद गंभीर समस्या है। हर चीज computarised हो गयी है। कभी भी इन स्टोर किये हुए सूचनाओं को चुराया जा सकता है। इस लिए कंपनिया सख्त से सख्त नियम बना रहीं हैं। जिससे की लोग पेन ड्राइव, सी डी, हार्ड डिस्क, मेल का संतुलित उपयोग करें।

## खतरा

किसी भी सुरक्षाकर्मी के लिए ऐ बहुत ही अहम् बात है की उसे इस बात को जानकारी अवश्य होनी चाहिए की खतरा क्या है? व्यक्ति

या स्थान की सुरक्षा को किस चीज का खतरा है? हर एक व्यक्ति या संस्था को बिभिन्न रूप का खतरा हो सकता है । लेकिन उस सम्भावित खतरे का सुरक्षाकर्मी को अगर आभास है तो उसकी रोकथाम की व्यवस्था की जा सकती है । समय के हिसाब से खतरे को दो भाग में बाटा जा सकता है ।

१ -  सामान्य कार्यकाल

२ -  कार्यकाल के बाद का समय एवं अवकाश का दिन

## खतरे मूलतः दो प्रकार के होते हैं

### अ – प्राकृतिक आपदा –

भूकंप, आग, भूस्खलन, बाढ़, सुनामी ......इत्यादि

### ब – मानवनिर्मित आपदा –

आतंकी हमला, फिदायीन हमला, चोरी, जबरन वसूली, अपहरण ....इत्यादि

## खतरों से नुकसान का विशलेषण – (vulnerability analysis)

इसको निम्न तीन रूप में बाटा जाता है –

१ -  इवेंट प्रोफाइल - event profile (potential threat - ज्यादा खतरा)

२ -  इवेंट प्रोबबिलितिज - event probabilities (the likelihood of an event occuring - खतरे की संभावना)

३ -  इवेंट क्रितिकालिटी - event criticality (severity of impact on the company's operation – कंपनी पर उसका प्रभाव)

# सुरक्षा के उपाय

अगर संभावित खतरे की पूर्ण जानकारी है तो इसकी रोकथाम की जा सकती है। सुरक्षाकर्मी को चाहिए की खतरे को मुद्दे नजर रखकर अपनी तैयारी (सुरक्षा - विधि) को निम्न तीन स्तरों में विभाजित कर लेना चाहिए।

१ -  सबसे बाहरी क्षेत्र (outer defense)

२ -  परिधि/दीवाल (boundry wall)

३ -  मूल वस्तु (principal object/zone)

मुख्यतः सबसे बाहरी वाला क्षेत्र में सुरक्षाकर्मी कुछ ज्यादा नहीं कर पाता है क्योंकि वह क्षेत्र उसके प्रबंधन से बाहर होता है। वहां पर छेड़छाड़ करने का मतलब है की बाहरी लोगों से भी पंगा लेना। लेकिन इसे छोड़ा भी नहीं जा सकता है। इसके लिए कुछ लोगों को सादी पोशाक में रख देना चाहिए, जो संभावित खतरे का आकलन करते रहें और समय – समय पर कंट्रोल रूम को इसकी जानकारी देते रहें।

परिधि या दीवाल से मालिकाना हक़ शुरू हो जाता है। चूँकि वह एरिया अपने कंट्रोल में होती है, उसका सुरक्षा प्रबंध अपने हिसाब से किया जा सकता है। यही वह जगह है जहाँ से खतरे को दूर रखना चाहिए। सुरक्षा के दृष्टिकोण से प्रवेश और निकास के मार्ग को बनाना चाहिए। अधिकतर यह देखा गया है कि निर्माण के बाद सुरक्षा के इंतजाम के बारे में सोचा जाता है। जबकि इसके विपरीत शुरुआत में जब प्रोजेक्ट की रुपरेखा तैयार की जाती है, उस समय ही सुरक्षा के इंतजामों का मुख्य प्रोजेक्ट के रुपरेखा में समाहित करना चाहिए। जब भी अब किसी संस्था की सुरक्षा की रुपरेखा बनाते हैं तो चोरों के तरह सोचें। आप अपने को एक चोर की भांति उस संस्था में प्रवेश करने तथा नुकसान पहुचाने के तरीकों के बारे में सोंचे। हरएक संस्था अलग - अलग खतरों का सामना करती है। जैसे कि एक पांच सितारा होटल की सुरक्षा

किसी कार्पोरेट बिल्डिंग से अलग होगी, हॉस्पिटल की सुरक्षा किसी माल की सुरक्षा से अलग होगी ... इत्यादि । सतही तौर पर (ground reality) हर एक संस्था एक दुसरे से भिन्न होती है, अपने व्यापार में, भौगोलिक दृष्टिकोण से, लोगों के विचारों से ..इत्यादि । इसलिए योजना बनाते वक्त यह बहुत जरुरी है कि उस संस्था के बारे में पूरी जानकारी इकठ्ठा करना । योजना बनाते हुवे निम्न चार दृष्टिकोण (view) पर ध्यान देना चाहिए –

१ - सही दृष्टिकोण समझना (understanding the point of view)

२ - दूसरों के दृष्टिकोण को समझना (seek others views)

३ - विभिन्न विचारों को परखना (evaluate various view point)

४ - हर पहलुओं को परखकर एक नयी सोच तैयार करना (construct a reasonable view)

मूलतः किसी भी सुरक्षा योजना का आधार व्यक्ति के आगमन एवं निर्गम के ऊपर आधारित होता है । आने वाला व्यक्ति सही है या गलत । सही व्यक्ति ही संस्था के अन्दर आए, इस विधा को एक्सेस कंट्रोल (access control) कहते है । खतरे को भांपना और उसे दूर ही रखना । योजना के स्वरूप को विधिवत जामा पहनाने से पहले निम्न पांच अंग्रेजी के "D" अक्षर से शुरू हुए शब्दों को ध्यान में रखना चाहिए ।

१ - deter - डराकर रोकना

२ - detect - पता लगाना

३ - delay - विलम्ब करना

४ - deny - प्रवेश रोकना

५ - destroy - नष्ट करना

जब भी सिक्यूरिटी कंट्रोल की बात हो या कोई स्टैण्डर्ड ऑपरेटिंग प्रोसिजर (standard operating procedures) बनाना हो तो उपर के पांच मूल बातों को ध्यान में अवश्य लेना चाहिए । फिजिकल सिक्यूरिटी कंट्रोल का मतलब है की सही और गलत आवागमन को परखना । सही चीज को बिना तकलीफ पहुचाये उसे होने देना तथा गलत चीज को नहीं होने देना । इसके लिए सही और गलत के आवागमन पर अवरोध खड़ा करना पड़ता है । जिससे की सही चीज ही अंदर – बाहर जा सके । इन अवरोधों के वजह से गलत करने वाले पर दो असर पड़ता है –

१ -  अगर आ गए तो उनको प्रवेश नहीं मिलेगा

२ -  सिस्टम को देख कर आने की हिम्मत नहीं जुटा पायेगा । जिससे की गलत करने वाले पर मनोवैज्ञानिक दबाव पड़ता है ।

## फिजिकल सिक्यूरिटी की रोकथाम की रुपरेखा – (the design consideration for physical security protection)

जैसा की हम पहले भी बात कर चुके हैं की काउंटर मेजर यानी की रोकथाम के लिए हमें चोरो की तरह सोचना पड़ेगा । एक गलत आदमी कैसे कोई नुकसान पहुंचा सकता है, यह सोचते हुए उसके रोकथाम की व्यवस्था को चरणबद्ध ढंग से करनी चाहिए । योजना बनाते वक्त इस बात का ख्याल रखें की उससे लोगों की दिनचर्या ज्यादा प्रभावित न हो । भरसक कोशिश करें की लोगों में यह सन्देश जाये की यह व्यवस्था उनको सुरक्षित करने के लिए की गयी है, न की उन्हें परेशान करने के लिए । यह एक दुर्भाग्य है की लोग सुरक्षित रहना चाहते है लेकिन कायदे - कानून मानने को तैयार नहीं रहते है । यही एक बड़ी वजह है की संस्था के लोगो के बीच में सुरक्षाकर्मी को ढेर सारी मुश्किलो का सामना करना पड़ता है । लोगों का विश्वास जीतने के लिए निम्न कदम उठाने चाहिए –

१ -  कायदा – कानून (policy & procedures) -

यह बहुत जरुरी है की संस्था की सिक्यूरिटी पालिसी और प्रोसिजर लिखित में होनी चाहिए और लोगों को इसकी जानकारी हो । उन्हें ऐसा न लगे की उन्हें सिक्यूरिटी अनायास ही तंग कर रही है । कायदे – कानून सरल भाषा में हो जिसे आम आदमी के भी समझ में आ जाये ।

२ -  सुरक्षारक्षक (security personnel) –

योग्य व्यक्तियों को पद के अनुसार चयन करना चाहिए । लोगों को अपनी जिम्मेदारियों के बारे में अच्छी तरह मालूम हो । मशीन का जमाना है लेकिन यह नही भूलना चाहिए की मशीन के पीछे इन्सान का हाथ है । यह देखा गया है की सही चयन न होने के कारण ही बहुत से स्थानों पर सिक्यूरिटी को उचित स्थान एवं सम्मान नहीं मिल पाता है । लोगों का विश्वास जीतने की हमेशा कोशिश करना चाहिए । इससे केवल सम्मान ही नहीं, ख़ुफ़िया जानकारी देने में भी लोग हिचकते नहीं है ।

३ -  उपकरण (equipment) -

विक्रेता मण्डली तरह – तरह के उपकरण बाजार में लाते है । कुछ तो बहुत ही घटिया किस्म की होती है, तो कुछ बहुत ही महँगी । इसलिए यह बहुत जरुरी है की खतरे एवं नुकसान को देखते हुए, सही उपकरणों का चयन करना चाहिए ।

४ -  घटनाओं की रिपोर्टिंग रिकॉर्ड रखना (report recording)

हर एक घटना के रिकॉर्ड को बराबर सम्भालकर रखना चाहिए । उदाहरण के लिए चोरी, एक्सेस कंट्रोल, सीसीटीवी रिकॉर्डिंग ...इत्यादि

५ - अवरोध (barriers) -

बैरियर यानी की अवरोध किसी भी सिक्यूरिटी का काउंटर मेजर उपाय का मुख्य हिस्सा है। इससे ही सही और गलत आवागमन पर अंकुश लगाया जा सकता है।

अवरोध/बाधा को आवश्यकता अनुसार निर्माण करना चाहिए। जैसा की हम पहले त्रिस्तरीय सिक्यूरिटी के बारे में बात कर चुके है। हर एक स्तर पर अवरोध खड़ा करने से सिक्यूरिटी सिस्टम को मजबूती मिलती है। बैरियर शारीरिक एवं मानसिक अवरोध खड़ा करता है। क्रमबद्ध से अवरोध खड़ा करने को "सिक्यूरिटी इन डेप्थ "कहते है। भारत में सिक्यूरिटी एक्सपर्ट, संस्था के बन जाने के बाद नियुक्त होते है। इसलिए जो उनके हाथ में बना – बनाया आता है, उसके हिसाब से उसके काउंटर मेजर की योजना बनानी पड़ती है। इसलिए उनको एवं संस्था को बहुत तकलीफ होती है। यह सब काम पहले ही चरण में होना चाहिए।

## त्रिस्तरीय अवरोध

बैरियर को सिक्यूरिटी के हिसाब से तीन स्तरों में बांटा जाना चाहिए।

१ -  बाहरी अवरोध – exterior barriers

२ -  मध्य अवरोध – middle barriers

३ -  आंतरिक अवरोध – inner barriers

बाहरी परिधि को दो भाग में बाटा जाना चाहिए। दोनों के बीच में लगभग २० फीट का अंतर रहना चाहिए। परिधि से मूल के बीच में ५० फीट की दुरी होनी चाहिए। जिससे सुरक्षा रक्षको एवं उपकरणों को सही निर्णय लेने में सहायता मिलती है। जिसे डिफेंस इन डेप्थ कहते हैं।

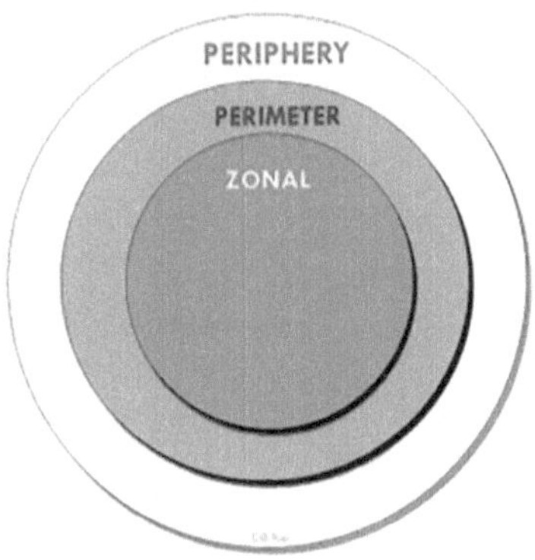


## अवरोध के प्रकार (types of barriers)

अवरोध तीन तरह के होते है ।

१ - प्राकृतिक (natural) - नदी, नाला, पहाड़ ... इत्यादि

२ - बनावटी (structural) - चारदीवारी, बोल्लार्ड, दरवाजे ...

३ - मानवीय (by man) - सुरक्षाकर्मी, रेसप्सन काउंटर ..

खतरे एवं नुकसान को ध्यान में रखते हुवे अवरोध का निर्माण किया जाता है । अवरोध उपर्युक्त तीनो अलग - अलग या सम्मिश्रण के रूप में चुना जाता है ।

# अध्याय २

# रोल ऑफ सिक्यूरिटी: पब्लिक एंड प्राइवेट

हम पहले अध्याय में सिक्यूरिटी के बारे में कुछ संक्षिप्त रूप में अध्ययन किये । हम इसे बहुत ही सरल भाषा में समझाने की कोशिश करना चाहेंगे । फिर से मैं यह कहूँगा की हिंदी में बहुत से शब्दों को लिखना एवं समझना मुश्किल है । इसलिए हम उसे अंग्रेजी में ही लिखेंगे । ग्लोब्लाईजेसन (globalisation) के बाद हर एक देश, विश्व के किसी भी कोने में अपना व्यापार कर सकते हैं । इस विश्वस्तरीय स्पर्धा में भारत एक खुला बाजार बन गया है । यहाँ पर हर एक बड़े - छोटे देश अपना निवेश (investment) करना चाहते हैं । भारत की भी बहुत सी कंपनिया विदेशों में अपना कारोबार बढ़ा रही हैं । हर एक कंपनिया निवेश करने से पहले वहाँ की वस्तुस्थिति को सही ढंग से समझने की कोशिश करती है । जिसमे सिक्यूरिटी की सलाह अहम मानी जाती है । पहले जहाँ पर सिक्यूरिटी संस्था में अंतिम पायदान पर रहती थी, आज वह पहले पायदान पर आ गयी है । आज सुरक्षा सलाहकारों के सुझाव को बोर्ड मीटिंग में गंभीरता से लिया जाता है । उनके विशलेष्ण के आधार पर ही कंपनिया पूंजी निवेश का मन बनाती है । जैसा की किसी ने कहा है की जहाँ पर जर, जोरू और जमीं हो तो खतरा भी साथ – साथ ही उसके बिना बुलाये मेहमान की तरह आता है । इन खतरों से बचाना और उसकी रोकथाम की जिम्मेदारी सिक्यूरिटी

का है । आज के ज़माने में नये – नये खतरे सामने आ रहे है । इसलिए सुरक्षा अधिकारीयों को भी नये - नये तकनीको के बारे में समझना बहुत ही आवश्यक है । सुरक्षा अधिकारियों की पैनी नजर हर देश - विदेश के हालातों पर रहनी चाहिये । जिससे की वक्त रहते हुए लोगों को सूचित किया जा सके ।

जिम्मेदारी एवं अधिकारों को ध्यान में रखते हुए सुरक्षा को दो भांगो में बाटा जा सकता है ।

१ - पब्लिक सुरक्षा

२ - निजी सुरक्षा

## पब्लिक सुरक्षा

इस श्रेणी के लोगों को नागरिक सुरक्षा की जिम्मेदारी होती है । उन्हें संविधान के मातहत कुछ विशेष अधिकार प्राप्त होते हैं । वे कभी भी शंका की गुंजाईश होने पर अपनी कानूनी अधिकारों का उपयोग करके किसी को भी गिरफ्तार तथा पूछताछ कर सकते है । सरकार का इन पर नियंत्रण होता है तथा जनता की सुरक्षा करना इनका धर्म होता है । इस श्रेणी में पूरी सरकारी सुरक्षा एजेंसियां आती है । जो राष्ट्रीय, राज्यकीय या नगर निगम की सुरक्षा में लगी रहती है । जैसे की फ़ौज, पुलिस, अर्ध सैनिक बल ...इत्यादि ।

# निजी सुरक्षा

निजी सुरक्षा रक्षक किसी संस्था या निजी व्यक्ति के लिये काम करते है । वह विभाग, संस्था के बनाए हुए नियम एवं कानून के दायरे में काम करते हुए, कानून व्यवस्था का पालन करते है । इनके अधिकार सिमित होते हैं । हर एक व्यक्ति को संविधान के दायरे में स्वंत्रता प्राप्त है । इस बात को ध्यान में रखते हुए, इन सुरक्षाकर्मियों को काम करना पड़ता है । निजी सुरक्षा रक्षक पहले से तैयारी करते है, योजना बनाते हैं जिससे की खतरों को रोका जाये तथा उससे न पनपने दिया जाय । कुछ लोग इसे प्रोएक्टिव सिक्यूरिटी के रूप में मानते हैं । इस कारण इन सुरक्षा रक्षकों को संस्थानों में एक महत्त्वपूर्ण रोल हो गया है । जो सुरक्षा विभाग अपनी जिम्मेदारियों को वखुबी निभाते हैं, उनका सदैव सम्मान होता है । असफल लोग हमेशा पिछली पंक्ति में बने रहते हैं । ऐसे लोग हमेशा शिकायत करते रहते हैं की हमे ये नहीं मिला, वो नही मिला, हम लोगों को कोई पूछता ही नहीं है ...इत्यादि इत्यादि ।

# सिक्यूरिटी ऐन इन्वेस्टमेंट इन प्रॉफिट

हर एक संस्था का यह मत है की सिक्यूरिटी एक हमेशा नुकसानी में डालनेवाला विभाग है । इसके लोग कुछ करते नहीं हैं । खाली इधर - उधर घूमते हैं तथा इनका मासिक खर्च अनावश्यक ही संस्था के वजट को हिलाते रहता है । यह विभाग कुछ भी आमदनी नही करता है, बल्कि हमेशा कुछ खर्च में ही डालता है । इस सोच को विभाग के वरिष्ठ लोगों को चाहिए की अपने मातहत काम करने वाले कर्मचारियों को समझाकर, कम्पनी के मुनाफा का हिस्सेदार बनें, कंपनियों के बोर्ड सदस्यों तथा वरिष्ठ अधिकारीयों को बताएं की हमारे विभाग नें कितनी बचत की है । सुरक्षाकर्मियों को व्यापार के बारे में समझाना थोडा मुश्किल है लेकिन व्यापारी को सिक्यूरिटी के बारे में समझाना बहुत ही सरल है । इसको निम्न ढंग से समझने की कोशिश करेंगे ।

# सुरक्षा क्या है

यह विधा जो जान - माल तथा व्यापार के गूढ़ रहस्यों को बचाकर रखे, जिससे व्यापार को नुकसान न पहुंचे यानी की सुरक्षा विभाग कंपनी के नुकसान को रोकता है ।

# व्यापार क्या है

पूंजी लगाकर लाभ कमाना

# लाभ क्या है

पूरी कमाई में से खर्च निकालकर बचा हुआ धन, यानी की अगर खर्च कम हो तो लाभ ज्यादा होगा। खर्च में नुकसान का भी बहुत बड़ा रोल होता है। नुकसान पर अंकुश लगाकर ज्यादा लाभ लिया जा सकता है।

इसलिए अब सुरक्षाकर्मियों को उपर्युक्त बातों को ध्यान में रखना चाहिए और नुकसान की रोकथाम करके संस्था के लाभ/ प्रॉफिट बनानेवाले विभागों की पंक्ति में खड़ा होना चाहिए। अक्सर यह होता है की लोग प्रयास नहीं करते हैं, वे सोचते हैं की –

अ - यहाँ पर सब ठीक - ठाक है

ब - यहाँ कुछ नही किया जा सकता है

स - विभागीय कर्मचारी सुनेंगे नहीं

द - ऐ सब हमारा काम नहीं है ....इत्यादि

इन तथ्यों को ध्यान में रखते हुए आजकल कंपनिया, सिक्यूरिटी डिपार्टमेंट को loss prevention (लोस प्रिभेन्सन) के रूप में देखना चाहती है। अब यह डिपार्टमेंट केवल फिजिकल सिक्यूरिटी तक ही सिमित नहीं रह गया है। अब समय आ गया है की सिक्यूरिटी टीम अपनी सोच में बदलाव करें। व्यापार के सिधान्तों को समझे तथा अपनी भागदारी को ईमानदारी से निभाएं। नुकसान को निम्न रूप से समझा जा सकता है। माना जाये की एक त्रिभुज जिसकी तीनो भुजाएं समान हो और उसे इसे इस तरह से देखा जाये तो हमें ज्यादा समझने में आसानी होगी।

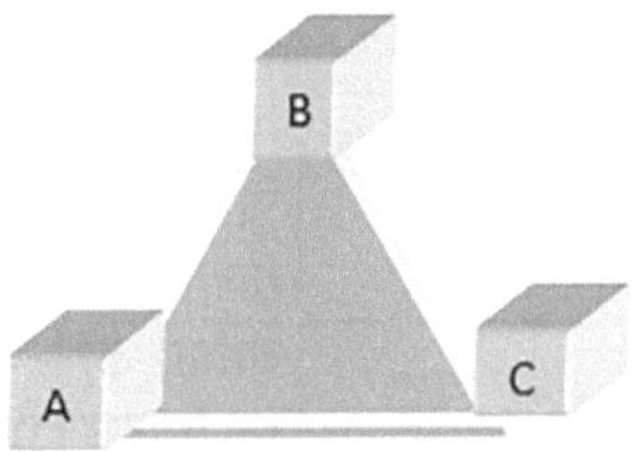


AB = खतरों की पहचान

AC = नुकसान का विश्लेषण

BC = रोकथाम का निर्धारण

इसलिए

AB = AC

AB = BC

अतः AC = BC

इसको ध्यान से देंखे तो पता चलेगा की नुकसान का लाभ के उपर असर पड़ता है । अगर नुकसान रोका जाये तो लाभ ज्यादा होगा । इसलिए नुकसान रोकने के लिए हर प्रयास करना चाहिए ।

## नुकसान का क्षेत्र

| परोक्ष | अपरोक्ष |
| --- | --- |
| अपराध और आतंकवाद | हड़ताल |
| आग | व्यापार की गुप्त बातों को प्रतिद्वंदियों तक पहचाना |
| दुर्घटनाएं | व्यापार को अच्छे ढंग से न चलने देना |

| प्राकृतिक - आपदा | खराब प्रबंधन |
|---|---|
| तोड़ – फोड़ | गलत लेन – देन |
| गलत पूंजी निवेश | मिली भगत |
| कूड़ा फेकना (waste management) | विभाग तथा सप्लायरों के साथ गलत सम्बंध |
| बीमा | व्यापार की दिशा में छुपे तौर पर व्यवधान पैदा करना |

## नुकसान रोकने के लिए क्या करें

सिक्यूरिटी डिपार्टमेंट को एक साथ बैठकर इस तरफ ध्यान देना चाहिए की नुकसान को कैसे रोका जा सकता है । इसे सरल ढंग से समझने के लिए तीन निम्न भागो में बाटना चाहिए ।

अ - हो रहे नुकसान की एक सूची बनाया जाये

ब - इसकी रोकथाम की योजना बनाया जाये

स - सिक्यूरिटी द्वारा रोकी गयी नुकसान की सूची बनाया जाये

मुख्य सुरक्षा अधिकारी को चाहिए की समय – समय पर प्रबंधन (management) को डिपार्टमेंट की कामयाबी को बताये । इससे management के सोच में सिक्यूरिटी के प्रति बदलाव आयेगा । आज कल नये – नये सुरक्षा उपकरण बाजार में उपलब्ध है । जिससे की नुकसान की रोकथाम में बहुत ही मदद मिलती है । लेकिन केवल मशीन लगाने से ही काम नहीं चलता है । हर एक मशीन जब ही ज्यादा फायदा देगी, जब उसके पीछे रहने वाला आदमी उसका भरपूर उपयोग करे । केवल मशीन होने वाले नुकसान को नहीं रोक सकती है । ज्यादा अच्छा परिणाम लाने के लिए अच्छे लोगों की जरुरत रहती है । इसलिए डिपार्टमेंट एवं कर्मचारियों का मनोबल हमेशा ऊँचा रहना चाहिए ।

उदाहरण के लिए ओसामा बिन लादेन को अमेरिकी सरकार, एक दशक तक खोजती रही लेकिन उसको मशीन नहीं खोज पायी। उसका पता अमेरिकी ख़ुफ़िया एजेंसियों ने ही निकाला और उसका काम तमाम किया।

डिपार्टमेंट को चाहिए की समय के साथ हमेशा सतर्क रहें, जानकारिया इकट्ठी करते रहें और management को समय - समय पर बताते रहें। यह नहीं सोचना चाहिए की कोई उनके पास आएगा तो ही वे सूचनाओ की जानकारी देंगे। हर एक डिपार्टमेंट साल के अंत में अपनी उपलब्धियों को संस्था के सिरसस्थ पदों पर बैठे हुए लोगों तक पहुचाता है। सिक्यूरिटी डिपार्टमेंट इस स्पर्धा में हमेशा पिछे रह जाता है। लोगों को मालूम ही नहीं पड़ता है की सिक्यूरिटी ने साल भर में क्या किया है। इसलिए समय – समय पर management तक अपनी उपलब्धियों को बताएं। जिससे लोगों को आपकी महत्ता के बारे में पता चल सके। समय – समय पर निम्न विषयों पर लोगों को अवगत कराते रहें।

१ -  ट्रवेल एडवाइजरी (travel advisory)

२ -  बिजनेश कानतिनुटी प्लानिंग (business continuity planning)

३ -  मोक ड्रिल (mock drill)

यह देखते हुए की भारत की स्थित ठीक नहीं है फिर भी विदेशी निवेश जोर - शोर से हो रहा है। पूरब से पश्चिम तथा उत्तर से दक्षिण पूरा देश अशांत माहौल से जूझ रहा है। कहीं आतंकवाद है तो कहीं नक्सलवाद। ऐसे माहौल में सिक्यूरिटी डिपार्टमेंट का बहुत ही महत्त्वपूर्ण रोल है। उन्हें बहुत ही सतर्क रहते हुए सोच समझ कर काम करना चाहिए।

# अध्याय ३

# सिक्यूरिटी: मैन मैनेजमेंट

जान है तो जहाँ है । लोगों की हिफाजत करना सिक्यूरिटी डिपार्टमेंट का मुख्य काम है ।

बहुत से जाने और अनजाने लोग संस्था में आते और जाते हैं। उनपर निगरानी तथा नियंत्रण रखना बहुत जरुरी है । सही लोग ही अंदर आएं । गलत लोग का आगमन हमेशा ही संस्था के लिए नुकसान दायक है । अंदर आये हुए लोग अपने काम तक ही सिमित रहें तो ठीक है । ज्यादा रूचि दिखाने का मतलब है की कहीं कुछ गड़बड़ है । ऐसे लोगों पर ध्यान रखना चाहिए । कहीं यह व्यक्ति संस्था को नुकसान देनें के फ़िराक में तो नहीं है । किसी भी संस्था में आगन्तुक से सबसे पहले मिलनेवाला एक सुरक्षारक्षक ही होता है । पुरे कंपनी की प्रतिष्ठा इस आदमी के साथ जुड़ी होती है। आगन्तुक को इस सुरक्षा रक्षक से बहुत ही उम्मीदें रहती हैं की वह उससे इज्जत से पेश आए और उसकी बात को ध्यान से सुने। सुरक्षारक्षक पर पुरा दारोमदार रहता है की वह उस आगंतुक से किस तरह पेश आता है। किसी भी आदमी को रोक - टोक अच्छा नहीं लगता है । उस पर भी उसको रोकने वाला कोई साधारण, कम पढ़ा – लिखा व्यक्ति हो तो उसके अभिमान को ठेस लगना लाजमी ही है। लोग सुरक्षारक्षक से उल्टा - पुल्टा बात करने लगते हैं। यह उनके

समझ में नहीं आता है की सामने वाला इन्सान उसके ही सुरक्षा के लिए अपनी जान हथेली पर लेकर खड़ा है। विजिटर के विचारों को तो बदला नहीं जा सकता है लेकिन अपने आप को तो सम्भाला जा सकता है। उदाहरण के लिए कांटे से बचने के लिए पुरे धरती पर कारपेट तो नहीं बिछाया जा सकता है लेकिन अपने पैर में चप्पल या जूता तो पहना ही जा सकता है। इसलिए आज के ज़माने में हर सुरक्षाकर्मी को आदमी प्रबंधन (man management) का ज्ञान होना अति आवश्यक है। यह ज्ञान विपरीत परिस्थितियों को सँभालने में बहुत ही मदद करता है। अबका सुरक्षाकर्मी पहले जैसा नहीं रह गया है। उसे शरीर के साथ – साथ मानसिक रूप से भी मजबूत होना पड़ेगा। अगर उनको समाज एवं संस्थानों में स्थान बनाना है तो अपने ज्ञान को बढ़ाना पड़ेगा।

एक उदाहरण प्रस्तुत करूंगा। आप देंखेंगे की सुरक्षारक्षक के खड़े होने का स्थान हर जगह सबसे बाहर होता है जिससे की हर बाधा को दूर किया जा सके। यह ठीक उसी तरह है जैसे की हर घर के बाहर दरवाजे पर गणेश भगवान की स्थापना होती है जिससे की कोई भी बाधा घर के अंदर न आ सके। गणेश जी अपने गुणों की वजह से ही पूज्य हैं। सुरक्षारक्षक को गणेश जी के गुणों से सीख लेना चाहिए। यही गुण अगर सुरक्षारक्षक के अंदर आ जाये तो उसकी इज्जत अपने आप ही बन जाएगी।

गणेशजी अगर अपने आशीर्वाद से लोगों की तक़दीर एवं तदवीर बदल देते हैं तो क्या वो अपने स्वरूप को नहीं बदल सकते हैं। वो लोंगों को सन्देश देना चाहते हैं। उनके शरीर के अंगों के गुणों के बारे में लोग जाने, समझें और वैसा अनुसरण करें।

# Ganesha Symbolism

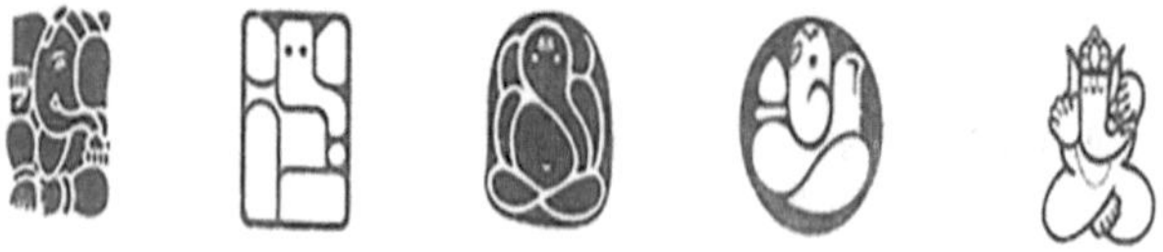

गणेशजी के अंगों के गुणों का अध्ययन सिक्यूरिटी के लिए अत्यंत आवश्यक है –

# १ - बड़ा सिर

गणेशजी का बड़ा सिर यह दिखाता है की व्यक्ति को हमेशा बड़ी सोच रखना चाहिए । कभी भी इस गलतफहमी न रहे की कुछ भी नही होगा । हमेशा सतर्क रहना चाहिए और ऊँचे ख्याल रखना चाहिए ।

# २ - छोटी आँख

श्री गणेशजी की छोटी आंखें इस बात को दर्शाती हैं की हर एक चीज पर ध्यान केन्द्रित रखें । इधर - उधर ध्यान न भटकायें । सदैव एकाग्रचित रहें और लक्ष्य को हासिल करें । कोई भी आपकी परखी नजर से बच न जाय ।

# ३ - बड़ा कान

बड़ा कान होना ज्यादा सुनने का प्रतिक है । प्रकृति ने हमें एक मुँह और दो कान दिया है । इसका मतलब है की सुनने की क्षमता बोलने से दोगुनी होनी चाहिए । हमेशा चौकन्ना रहें और कान खुला रखे । जिससे चारो तरफ क्या हो रहा है, मालूम पड़ता रहे ।

# ४ - छोटा मुँह

कम बात करना । किसी भी सुरक्षा कर्मचारी को बातूनी नही होनी चाहिए । बात – बात में कभी - कभी कुछ गूढ़ बातें, दुसरे लोंगों तक पहुच जाती है । यह एक खतरनाक हो सकता है । यह देखा गया है की हमेशा अवांछनीय तत्व हमेशा सिक्यूरिटी पर्सनल से दोस्ती बनाने की कोशिश करते हैं ।

# ५ - बड़ा पेट

ज्यादा खाना और सब पचा जाना। एक सुरक्षाकर्मी को हर जगह जाने की छुट रहती है। वो बहुत सी चीजों को जानता है। इसलिए उसका धर्म होता है की उन सब बातों को अपने तक ही सिमित रखे।

# ६ - बड़ा शुंड

बड़ा शुंड का मतलब लम्बी घ्रानेन्द्रिय, लम्बी सूंघने की शक्ति। इसका मतलब है ज्यादा से ज्यादा सूचनाओं को एकत्रित करना । अंदर या बाहर कौन सी ऐसी घटना घटित हो चुकी है, हो रही है या होने की संभावना है जिससे की संस्था एवं लोंगों पर उसका हानिकारक प्रभाव पड़े । ये सूचनाएं सुरक्षित रखने में बहुत ही सहायक होती है।

# ७ - एक दन्ताय

अच्छी चीज को रखें, बुरी चीजो को छोड़ दें। जीवन में भी परहेज रखें। नशा, छल, कपट, जुआ इत्यादि बुरों चीजों से हमेशा दुरी बनाये रखें।

# ८ - कुल्हाड़ी

श्री गणेश की कुल्हाड़ी हमें सिखाती है की सारे बंधन को काट कर रखें। बिना मोह - माया के अपना रोल अदा करें। अपने और पराये में भेद भाव न रखें। सबके लिए एक जैसा ही नियम – कानून बनायें।

# ९ - रस्सी

श्री गणेश की रस्सी यह बताने की कोशिश करती है की सबको प्रेम के धागे में बांधे। सबसे अच्छे सम्बन्ध रखें। अच्छे संबंधों के वजह

से बुरे लोग भी सुधर जाते हैं । सबके साथ मिल जुलकर रहने से सूचनाएं मिलती रहती हैं ।

## १० - चूहा

भगवान गणेश के आशीर्वाद से लोग आलिशान कारों में घुमते है । लेकिन श्री अपने चूहे पर ही घूमते हैं । इससे हमें यह शिक्षा मिलती है की अपनी इच्छाओं पर संतुलन रखना चाहिए । अनावश्यक इच्छाएं व्यक्ति को गुमराह कर देती है । लोग उसका फायदा उठा लेते हैं । इससे हमेशा बचें ।

श्री गणेश जी के उपर्युक्त दस गुणों को हमेशा ध्यान में रखना चाहिए । उसके लिए किसी मैनेजमेंट गुरु या साधू - संत के व्याख्यान सुनने की जरूरत नहीं है । रोज के दिनचर्या में इसके अमल करने से कर्तव्य का सही पालन किया जा सकता है । व्यक्ति को रिद्धि – सिद्धि अपने आप आने लगती है ।

अक्सर ऐ देखा गया है की आगन्तुक या स्टाफ से सिक्यूरिटी का मधुर सम्बन्ध छोटी - छोटी वजहों से बिगड़ जाता है । सिक्यूरिटी टीम को चाहिए की उसकी छवि लोगों को सहायता पहुचाने की हो न की लोगों को परेशान करने की । इस समस्या के समाधान के लिए निम्न तीन बातों को समझना आवश्यक है

1 -  सुरक्षारक्षक की पर्सनालिटी

2 -  लोगों की सुरक्षारक्षक से उम्मीद

3 -  आगंतुक के तरफ सुरक्षाकर्मी का कर्तव्य

# १ - सुरक्षारक्षक की पर्सनालिटी

सुरक्षाकर्मी को निम्न कुछ बातों पर ध्यान देना चाहिए । लोगो को महसुस होना चाहिए की वह एक योग्य एवं जिम्मेदार सुरक्षाकर्मी है ।

> टर्न आउट –

स्वच्छ यूनिफार्म, सही बाल एवं मूंछे, पालिश जूते, पूरा गणवेश सही ढंग का होना चाहिए । यह देखा गया है की बहुत से सुरक्षाकर्मी एक ही यूनिफार्म कई दिन तक पहनते है जिससे की उसमे से बदबू आने लगती है। स्मार्ट सुरक्षाकर्मी का लोगों पर एक छाप पड़ती है । उसका उसके कर्तव्य पालन में आसानी होती है ।

> तंदरुस्ती –

एक सुरक्षाकर्मी को स्वस्थ्य होंना बहुत ही जरुरी है । पहली बात की स्वस्थ्य शरीर में स्वस्थ्य दिमाग रहता है और दूसरा की इससे लोगों पर एक असर पड़ता है। लोग एक तंदरुस्त व्यक्ति को सुनते है तथा उसकी इज्जत करते है । तंदरुस्ती को हमेशा बनायें रखें तथा कोई न कोई मार्शल आर्ट्स जरुर सीखें ।

> बॉडी लैंग्वेज (body language) –

एक सुरक्षाकर्मी का बॉडी लैंग्वेज सही होना चाहिए । किसी से बात करते वक्त हमेशा सही ढंग से खड़े हों, हाथ – पैर, आँख को सही ढंग से हिलाए । लोगों को ऐसा न लगे की आप एक आक्रामक मुद्रा में हैं । जिसको देखकर सामने वाले को गुस्सा आ जाये । सुरक्षाकर्मी का काम है की झगड़े को रोकना न की झगड़े को बढ़ाना ।

> शिष्टाचार (etiqutte) –

हम एक ऐसे समाज में रहते हैं जहाँ यूनिफार्म में रहने वाले व्यक्ति से लोगों को बहुत ही उम्मीद रहती है ।

इसलिए बोल – चाल की भाषा में शिष्टाचार का होना बहुत ही जरुर होना चाहिए । कोई भी ऐसे शब्द का प्रयोग न करें, जिससे लोगों को ठेस पहुचे । उदाहरण के लिए अंग्रेजी में you का मतलब है तुम या आप इससे सामनेवाले को कोई फर्क नहीं पड़ता है । लेकिन अगर हिंदी में बात करते वक्त "तुम" बोला जाये तो लोग बुरा मान जायेंगे । इसलिए बात करते वक्त हमेशा "आप" या सम्माजनिक शब्दों का प्रयोग करना चाहिए

➢ ज्ञान –

एक सुरक्षाकर्मी को अपने पद की गरिमा का ज्ञान होना बहुत ही आवश्यक है । इसके लिए बहुत ही जरूरी है कि उसे सिक्यूरिटी का मतलब, उसका रोल तथा कर्तव्य पालन आना चाहिए ।

इन सब उपर्युक्त बात आगे सुरक्षाकर्मी अपने दिनचर्या में रखते हैं तो लोगों का विश्वास तथा इज्जत जीतते हैं ।

# २ - लोगों की सुरक्षाकर्मी से उम्मीद

लोग सुरक्षाकर्मी से निम्न उम्मीदें रखते हैं

अ – अच्छा श्रोता होना (good listner)

लोग उम्मीदें लेकर आते हैं और चाहते हैं की उसकी बातों को सुना जाये । देखा गया है की कभी - कभी सुरक्षाकर्मी कुछ लोगों के बारे में पूर्वाग्रह रखते है की ये शिकायत करने के लिए ही पैदा हुआ है । उसके बातों पर ध्यान नहीं देते हैं । एक अच्छे सुरक्षाकर्मी को अच्छा श्रोता होना चाहिए । उसे लोगों की बातों को सुनना चाहिए ।

ब – न दखलंदाजी (non interferance)

लोग चाहते है की उनकी बात बिना रोक - टोक की सुना जाय । हमेशा इस बात का ध्यान रखें । पहले इनके बात

को पूरा सुनें । इससे पहला तो उसका अभिमान आहत नही होता है, दूसरा उसकी बातों को समझने का मौका मिल जाता है और तीसरा अगर वो गुस्से में है तो उसकी भड़ास निकल जाने से उसकी मन को शांति मिल जाती है ।

स – कार्यवाही (action on his querry)

बातों के सुनने के बाद लोग चाहते हैं की उसके उपर कार्यवाही की जाय । आप बात सुनकर चुप बैठे या कुछ कार्यवाही करें । लेकिन उसे न मालूम पड़े तो लोग व्यथित हो जाते हैं । इसलिए यह अति आवश्यक है की आगंतुक के विषय पर कार्यवाही किया जाय और उसे सूचित किया जाय ।

द – सम्मान (respect)

हमेशा लोगों को सम्मान देना चाहिए । सम्मान देनें से आधी समस्या खुद ही सुलझ जाती है ।

# ३ - आगन्तुक के तरफ सुरक्षाकर्मी का कर्तव्य

जैसा की उपर लिखा गया है । यूनिफार्म धारकों से लोगों को कुछ ज्यादा ही उम्मीदें होती हैं । इस लिए उनके मानदंडो पर खरा उतरना चाहिए ।

अ - अच्छा श्रोता बनें

कोशिश रहे की लोगों की बातों को ध्यान से सुने, अगर जरुरी न हो तो बीच में कोई प्रश्न न करें ।

ब - अवरोध न डालें

बातों को ध्यान से सुनें । बीच में ही टीका – टिप्पड़ी से बचें । इसे उनके बातों का क्रम टूट जाने से वास्तविकता में बदलाव आ जाता है ।

स - आवश्यकता की पूर्ति

लोगों की चाहत पर खरा उतरना चाहिए । हमेशा यह भी ख्याल रहें की आप की सादगी एवं सज्जनता से आपकी मुख्य ड्यूटी पर फर्क न पड़े । जरूरत पड़ने पर सज्जनता से 'ना ' कहने की भी जरूरत पड सकती है ।

द - प्रतिपुष्टि (feed back)

काम पूरा होने के बाद सम्बन्धित व्यक्ति को सूचित करें । नहीं तो उसे लगेगा की उसके शिकायत या सुझाव पर कोई ध्यान नही दिया गया । जबकि उसके कथनी पर पूरा ध्यान दिया गया है । इसलिए यह बहुत ही जरूरी है की काम पुरा पर होने उसे सूचित कर दिया जाय ।

ध - पूर्वाग्रह (prejudice)

कभी भी किसी के बारे में पूर्वाग्रह नही कर लेना चाहिए । हर एक आलोचना को इज्जत से स्वीकार करना चाहिए । शिकायतकर्ता से दुखी नही होना चाहिए । हर एक घटना को नये ढंग से देखना चाहिए । अगर किसी से अनबन भी हो जाये तो उसे दिल में नहीं बैठा लेना चाहिए ।


नियतं कुरु कर्म त्वं कर्म ज्यायो हयकर्मणः ।

शरीर या त्रापि च ते न प्रसिदहयेद कर्मणः ॥

(केवल नाम मात्र कर्तव्य निभाने से अच्छा है, की न करें । बिना परिश्रम किये हुए कोई अपने शरीर को भी स्वस्थ्य नहीं रख सकता है)

संक्षिप्त रूप से उपर्युक्त बातों को एक तालिका में रखा जा सकता है जिससे और भी समझने में सहायता मिलेगी

## Man Management

| Security man | Visitor's expectation | Security towards guest |
| --- | --- | --- |
| Turn out | Good listener | Listen carefully |
| Fitness | Non interference | Do not disturb during the conversation |
| Body language | Need action on his query | Appropriate action |
| Etiquette | Respect | Feedback |
| Knowledge | | Prejudice |

## कनफ्लिक्ट मैनेजमेंट – (conflict managemnet)

मैन मैनेजमेंट को समझने के लिए यह अति आवश्यक है की कनफ्लिक्ट मैनेजमेंट को समझा जाय। यह समझना जरूरी है कि क्यों लोग एक दुसरे को नहीं समझते हैं और आपस में जिद करते है। बात - बात में आपस में भीड़ जाते हैं और उसका खामियाजा सिक्यूरिटी टीम को उठाना पड़ता है।

जहां पर दस लोग रहेंगे, वहाँ पर आपसी मतभेद तो होना लाजमी है। लेकिन जब ए बिरोधाभास पाजिटिव हो तो आर्गेनाईजेशन के लिए अच्छा है। अगर अपने ही जिद पर आ जाये तो, वह सही नहीं है।

सुमति कुमति सब के उर रहही।

नाथ पुराण निगम अस कहही॥

जहां सुमति तहां सम्पति नाना।

जहां कुमति तहां विपति निधाना॥

लोगों को चाहिए कि किसी भी निर्णय पर पहुँचते वक्त, तीन बातों को ध्यान में रखना चाहिए। इस बात - विवाद से –

अ - संगठन का कितना फायदा – नुकसान है

ब - हमारी यूनिट की इसका कितना लाभ है

स - स्वंय हमारी स्थित इसमें क्या है

संगठन का भविष्य सर्वोपरि होता है। अगर लगे कि संगठन के फायदा के लिए, हमारे वैचारिक मतभेद रोड़ा बन रहे हैं, तो उसमे तुरंत सुधार कर, कोई रास्ता निकाल लेना चाहिए।

लोगों के अलग – अलग अनुभव, स्वभाव और उम्मीदों के वजह से आपसी विरोधाभास होना लाजमी है। हमेशा इस बात का ध्यान रहे कि यह विरोधाभास व्यक्ति विशेष न बन जाय। एक पाजिटिव परिणाम लाने के लिए कुछ निम्न तरीके अपनाये जा सकते है –

१ - टालना/Avoid - जब भी कनफ्लिक्ट सिचुएशन बनने लगे तो वहाँ से बाहर निकलें। इसे मान - सम्मान की बात न बनायें।

२ - सामंजस्य/Harmoney - कनफ्लिक्ट सिचुएशन न बने, इसके लिए यह बहुत ही अच्छा कदम है। एक जापानी मार्शल आर्ट आइकिडो/Aikido, इसी सिद्धांत पर है। इसमें दुसरे की उर्जा को अपनी तरह से उपयोग में लाते हैं। इनफ़ोसिस कंपनी ने इसे अपनी बिज़नेस डेवलपमेंट में इस सिद्धांत का प्रयोग किया है। एक समझदारी से रास्ता निकालने की कोशिश करें। जब दो लोग अपनी राय पर अटल हों तो एक व्यक्ति को चाहिए की उसके विचार को समझें और रास्ता निकालें। जब अनुकूल परिस्थित बन जाए फिर अपने विचार को भी सम्मिलित कर लें।

३ - सौदेबाजी/Bargaining - यह भी एक तरीका है, जिससे हल ढूढा जा सकता है। कुछ हद तक इससे विरोध को रोका जा सकता है।

४ - दबाव बनाना/Forcing - ज्यादा लोगों को अपने विचार से सहमती करके एक दबाव बनाना। मेजोरिटी (majority) में रहने से, लोगों को बात माननी ही पड़ेगी।

५ - हल ढूँढना/Problem solving - यह सबसे उत्तम तरीका है, सहमति बनाने के लिए। देखें की समस्या क्या है और समस्या का हल ढूंढ निकालें। स्मरण रहे की हर समस्या का समाधान है। वशर्ते की उसके लिए इच्छा शक्ति होना आवश्यक है।

सचिव वैद गुरु तीन जो, प्रिय बोले भय आस।

राज धर्म तन तीन को, होई वेगही नास॥

इसलिए यह जरुरी है की भयभीत करके समस्या का समाधान निकालने के बदले, लोगों में विश्वास जगाएं। इससे सभी लोग को फायदा पहुँचता है।

कनफ्लिक्ट दूर करने की इच्छा शक्ति को निम्न टेबल से समझा जा सकता है -

कनफ्लिक्ट सिचुएशन से निपटने के लिए समयानुसार इसे तीन भागों में बांटा जा सकता है

१ - प्री कनफ्लिक्ट (pre conflict)

जैसे ही वाद - विवाद होने लगे, उग्र रूप होनें से पहले ही उस पर उचित कार्यवाही करनी चाहिए। अगर इसे समय रहते ही रोक दिया जाय तो बड़ी क्षति होनें से बचा जा सकता है।

२ - एट द टाइम ऑफ कनफ्लिक्ट (at the time of conflict)

बात बढ़ जाए तो उस समय उचित कार्यवाही करके रोक – थाम करना चाहिए

३ - पोस्ट कनफ्लिक्ट (post conflict)

घटना घटित होने के बाद की कार्यवाही को भी एक सुनियोजित ढंग से करना चाहिए । इसकी एक रिपोर्ट तैयार करनी चाहिए । यह रिपोर्ट इस घटना के साथ - साथ अन्य घटनाओं को भी रोकने में मददगार होगी

सुरक्षाकर्मी को प्रबंधन के चारों गुण साम - दाम - दंड - भेद को समझना चाहिए और वक्त आने पर उसका प्रयोग करना चाहिए । ये गुण हर एक समस्या को सुलझाने में सहायक होती है ।

# बॉडी लैंग्वेज समझना

सुरक्षाकर्मी को अपने बारे में तो जानकारी होनी चाहिए, लेकिन साथ - साथ उसे दूसरों के भी बारे में समझना चाहिये । अगर आप आगंतुक के व्यक्तित्व के बारे में समझ जायेंगे तो उसके साथ व्यवहार करने में आसानी हो जाती है । बॉडी लैंग्वेज के आधार पर शत - प्रतिशत तो परिणाम नहीं मिलता है लेकिन सहुलिअत जरुर हो जाती है । कई विद्वानों ने अपने अनुभव के हिसाब से लोगों के बार में जानने की कोशिश किया है । उसमे से दो निम्न प्रमुख है –

# सोमाटो टाइप (somatotype)

विलियम सेल्डन ने लोगों के शरीर के कद - काठी को ध्यान में रखकर समझने की कोशिश की, जिसे सोमाटो टाइप कहा जाता है । उन्होंने शरीर के आकार के हिसाब से व्यक्तियों को निम्न तीन वर्ग में बाटा।

| सेल्डन का सोमाटो टाइप | शारीरिक संरचना | व्यवहार |
| --- | --- | --- |
| इंडोमोर्फी (endomorphy) | कोमल, नाजुक, बड़ा पेट, पतली हड्डी एवं मांस पेशी | शौकीन, विलासी जीवन, खाने के शौकीन, लोगों से घिरा रहना पसंद करना, धीमे गति से काम करना, बहुत ही महत्त्वाकांक्षी, लीडर बनने की तमन्ना, बड़े गुस्सैल<br><br>इस तरह के लोगों को बहुत ढंग से सम्भालें । महत्त्वाकांक्षी होने के वजह से ये लोग बहुत जल्दी ही भड़क जाते हैं |
| मिज़ोमोर्फी (mesomorphy) | मजबूत एवं सुदृढ़, शरीर से तंदरुस्त, एथलेटिक शरीर | शरीर से मजबूत होनें के वजह से ऐसे लोग अड्वेंचरस एवं रिस्क टेकिंग होते हैं, मिलनसार प्रबृति, अच्छे श्रोता, समझदार होते हैं |

| इक्टोमोर्फी (ectomorphy) | पतले, हल्के मांस – पेसियां, हल्की हड्डी तथा चपटी छाती, ज्यादातर चस्मा पहनते हैं | अपनी ही दुनिया में जीना, लोगों से अलग – थलग रहना, अपने काम में निपुण, कम सोना तथा बहुत जल्द ही चिढ जाना<br><br>ऐसे लोग हमेशा दिमागी परेशानी से परेशान रहते है, थोड़ी सी बात पर बहुत ही जल्द भड़क जाते हैं । इनको बहुत ही ढंग से सम्भालना चाहिए |

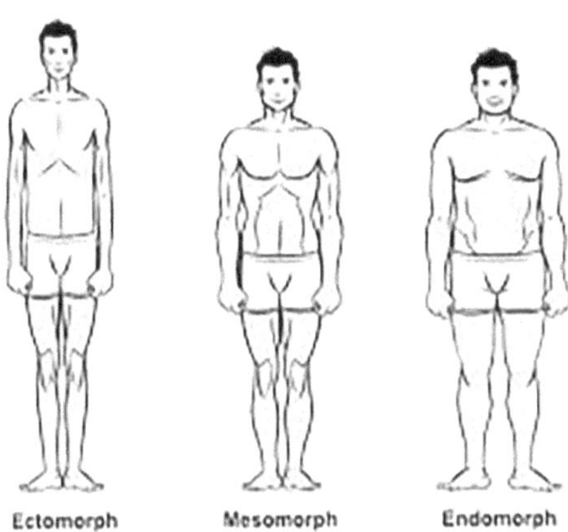



## A/B टाइप कद - काठी

सन १९४० में अमेरिकन कार्डियोलोजिस्ट मेयेर फ्राराइड मैन ने अपने क्लिनिक के सोफा को देखा तो पाया कि उनके कोनो में छेद हो गया था । अंदर से स्पंज को कुरेदकर निकाल दिया गया था

। फिर उन्होंने लोगों की आदतों को समझने की कोशिश की और पाया कि आदतों के हिसाब से लोग दो तरह के होते हैं ।

टाइप A पर्सनालिटी –

इस तरह के लोग हमेशा काम – काम करते रहते हैं, हमेशा बेचैन, अशांत, हमेशा कुछ सोचते रहते हैं तथा साथ - साथ कुछ करते रहते हैं

टाइप B पर्सनालिटी –

ठीक A टाइप के विपरीत आदतों वाले, शांत स्वभाव, एक समय पर एक काम, सामान्य जीवन जीने वाले व्यक्ति इस श्रेणी में आते है ।

## सुरक्षा प्रशासन

हमने एक सुरक्षाकर्मी के बारे में और दुसरे लोगों के बारे में समझने की कोशिश की । अब सुरक्षा प्रशासन के बारे में समझने की कोशिश करेंगे । यह देखा गया है की बहुत से संस्थाओं में एक बड़ी सिक्यूरिटी फ़ौज होने के बाद भी बहुत ही प्रभावशाली परिणाम नहीं मिलता है । उसका मुख्य कारण है की टीम का आपस में बराबर ताल - मेल न रहना । मुख्य सुरक्षाधिकारी का काम है की समय – समय पर अपने टीम के बारे में भी सोंचे और देखें की उसकी टीम में उत्साह की कमी तो नहीं हो रही है । ऐसा अक्सर देखा गया है की मुख्य सुरक्षाधिकारी को इतना व्यस्त कर दिया जाता है की सुरक्षा के अलावा वह सब काम करता है । सुरक्षा विभाग को देखने का मौका ही नहीं मिलता है । उसके अधिकारी ही दिनचर्या का काम सम्भालते हैं । समय आने पर इन अधिकारीयों में यह गुमान आ जाता है की हम ही रोज का कार्यभार सम्भालते हैं और मुखिया तो कुछ उन्होंता है नहीं है । यहीं से विभाग में गुटबाजी शुरू हो जाती है और विभागीय उच्च प्रदर्शन गिरने लगता है । किसी भी टीम से अच्छा प्रदर्शन के लिए उसका मनोबल ऊँचा रहना बहुत ही जरुरी

है । सही योजना, चुनाव, प्रबंध और उत्साही क्रियाशैली विभाग को सर्वोपरी बनाती है । इसको हम थोड़ा विस्तृत से अध्ययन करेंगे ।

प्रबंधन, विशेषकर सिक्यूरिटी प्रबंध के लिए निम्न पांच चीजे जरुरी होती है । जिससे बहुत ही अच्छे एवं दूरगामी परिणाम मिल जाते हैं ।

१ -  प्लानिंग (planning)

२ -  ओर्गनायिजिंग (organising)

३ -  स्टाफिंग (staffing)

४ -  कंट्रोलिंग (controlling)

५ -  मोतीवेटिंग (motivating)/डाईरेक्टिंग (directing)

## प्लानिंग/योजना

सही योजना ही गंतव्य तक पहुंचाती है । किसी ने कहा की " mission without vision is time pass and vision without mission is dream" । अग्र सोची सदा सुखी । बिना योजना के केवल मेहनत के बल से लक्ष्य की प्राप्ति नहीं हो सकती है । इसलिए सही एवं सटीक योजना बनाना बहुत ही जरुरी है । योजना बनाते वक्त रोज की दिनचर्या एवं दूरगामी लक्ष्य को ध्यान में रखना चाहिए । उदाहरण के लिए सुरक्षा रक्षकों का चुनाव एवं शिफ्ट में उनकी ड्यूटी ; अगर केवल एक समुदाय के लोग किसी एक शिफ्ट में हो और कोई त्यौहार आ जाये तो पुरे शिफ्ट का ताल – मेल बिगड़ जाता है । ज्यादा से ज्यादा लोग छुट्टी ले लेते हैं या तो बीमार की छुट्टी डाल देते हैं । अप्रैल - मई के महीने में सुरक्षा रक्षक गाँव चले जाते हैं और डिपार्टमेंट को बहुत ही तकलीफ उठानी पड़ती है । इस तरह के बहुत से आवश्यकताओं की पूर्ति के लिए, एक संतुलित योजना का होना नितांत आवश्यक है ।

बिना विचारे जो करे, सो पाछे पछिताय ।

काम बिगाड़े आपनो, जग में होत हसाय ॥

योजना बनाते वक्त निम्न कुछ बातों को ध्यान में रखना चाहिए।

१ - हमारा लक्ष्य और उद्देश्य क्या है

२ - उसको पाने के लिए आवश्यक चीज क्या है

३ - इन चीजों को किस तरह से एक साथ सामंजस्य या पिरोया जाय जिससे की लक्ष्य की प्राप्ति समयानुसार और मनोवांछित मिले।

## Organising/सुव्यस्थित करना

प्रबंधक का काम है कि योजना के अनुसार हर चीज को सुव्यस्थित करें जिससे की लक्ष्य को आसानी से प्राप्ति किया जा सके। इसको साधारण भाषा में इस तरह से समझने की कोशिश करेंगे -

मैनेजर – **MANAGE R** (प्रबंधक)

मैनेजर व्यवस्था का वह व्यक्ति है जो "R" को " Manage" करता है। R का मतलब है Resources/संसाधन जो की निम्न है -

१ - Man/व्यक्ति

२ - Materials/सामान

३ - Money/धन

इन तीनों को जरूरत के हिसाब से व्यवस्थित करके ही लक्ष्य की प्राप्ति हो सकती है। इसलिए यह एक मैनेजर के लिए बहुत ही जरुरी है कि व्यवस्था को सम्भालने के लिए जिम्मेदारियां निहित करे और उसी तरह से संसाधनों की उचित व्यवस्था करे।

योजना और व्यवस्था एक सिक्के के दो पहलु है। एक के बिना दुसरे का कोई औचित्य नहीं रह जाता है।

# Staffing/कर्मचारी चयन

किसी भी लक्ष्य को पाने के लिए सही लोगों का टीम में हों ए बहुत जरुरी है। भीड़ इकट्ठा करके कोई फायदा नहीं। बिना टीम भावना के लक्ष्य की प्राप्ति असम्भव है। स्टाफिंग के मातहत लोगों का सही चुनाव, कौशल विकास और सही जगह पर उनकी पोस्टिंग करनी है। एक टीम में हर तरह के कौशल के लोग होने चाहिए और लक्ष्य प्राप्ति करना उनका एक ही मकसद होना चाहिए। इसलिए टीम का चुनाव करते वक्त हर तरह के लोग आवश्यकतानुसार टीम में होने चाहिए। छोटे पद पर चुना हुआ व्यक्ति १५ - २० साल में पदोन्नति करके, उसी व्यवस्था में बड़े पद पर पहुँच जाता है। उसके नेतृत्व की क्षमता पर ही आर्गेनाईजेशन का भविष्य टिका रहता है। इसलिए अच्छे लोगों का चुनाव होना बहुत जरुरी है। स्टाफ सिलेक्शन का काम कार्मिक विभाग का है, लेकिन सुरक्षा प्रबंधक को अपनी टीम चुनने की छुट रहनी चाहिए। चुनाव के बाद सुरक्षा रक्षक का वेतन, अन्य लाभ तथा अनुशासनात्मक कार्यवाही का जिम्मा कार्मिक विभाग के पास होना चाहिए। सुरक्षा प्रबंधक को अपनी टीम चुनने के अधिकार से आर्गेनाईजेशन को बहुत फायदा होता है। वह अपने अनुभव से डिपार्टमेंट के आवश्यकतानुसार लोगों का चयन करता है।

सठ सुधरहिं सत संगत पाई।

पारस परस कुघात सुहाई ॥

# Controlling/नियंत्रण

कंट्रोलिंग, प्रबंधन का एक बेहद महत्त्वपूर्ण अंग है। इसका मुख्य काम है गलतियों को पकड़ना, सुधार करना और फिर से कोई गलती न हो इसकी रुपरेखा तैयार करना, जिससे मनोवांछित फल की प्राप्त हो सके। पुराने समय में, कंट्रोल का रोल कुछ गलतियाँ मिलने के बाद आता था। अब तो शुरुआत में ही, गोल सेट करते

ही, इसको भी तैयार कर लिया जाता है । जिससे की कोई गलती होने की ही सम्भावना न रहे । यह आर्गेनाईजेशन का बहुत ही अहम अंग है जो की चेक और बैलेंस बनाये रखता है । कंट्रोल मैकेनिज्म निम्न रूप से काम करता है –

१ - वास्तविक उपलब्धि और पूर्ण लक्ष्य की योजना का तुलनात्मक अध्ययन करना

२ - दोनों के बीच की दुरी को रेखांकित करना

३ - दोनों के बीच बिभिन्नता आने के कारणों को खोजना

४ - उस समस्या या चीज को दूर करना जिससे प्लांड योजना के मातहत परिणाम नहीं मिल रहा है

साधारण भाषा में कहा जाय तो कंट्रोलिंग मैनेजमेंट का काम है की मनोवांछित फल की प्राप्ति में आने वाली अडचन को दूर करना । जिससे की लक्ष्य की प्राप्ति समय पर और सही ढंग से मिल सके ।

## Motivating/प्रोत्साहन - Directing/दिशा निर्देश

लक्ष्य की प्राप्ति टीम के हर सदस्य के काम से ही मिलती है । उत्साहित टीम ही किसी भी लक्ष्य को प्राप्ति कर सकती है । इसके लिए जरुरी है की टीम लीडर/मैनेजर अपनी टीम को हमेशा प्रोत्साहित करते रहे । साधारण रूप से एक मैनेजर के पास प्रोत्साहित करने के लिए कैरट - स्टिक का सूत्र ही उसके पास उपलब्ध है । या तो समय - समय पर कुछ प्यारऔर धन बांटे या तो तो कड़क होकर उनको अनुशासन के दायरे में लाकर अपने सेट गोल को पाए। इस सूत्र में पहला भाग अच्छाऔर दूरगामी परिणाम देनेवाला है । मैनेजर को चाहिए कि -

१ - वह अपने टीम के साथ एक संतुलित दोस्ताना व्यवहार रखे

२ -   समय - समय पर टीम बिल्डिंग का कुछ काम करे। जैसे कि किसी का बर्थडे या साल - गिरह मनाये

३ -   अच्छे कामों को लोगों के बीच में सराहे

४ -   अच्छे कामों को कुछ इनाम या पुरस्कार से सम्मानित करे

५ -   हमेशा टीम को परिवार की तरह रखे। लोगों में किसी भी तरह की निराशा की भावना न जगने दे।

सबके साथ न्याय हो, जाती - धर्म से उपर होकर सोंचे।

साम दाम अरु दंड विभेदा।

नृप उर बसहि नाथ कह वेदा॥

नीति धर्म के चरुन सुहाए।

अस जिय जानि नाथ परिहाये॥

# अध्याय - ४

# सिक्यूरिटी ऑडिट और सर्वे
# (Security Audit and Survey)

कोई भी संस्था बिना चेकिंग मेकेनिज्म के उन्नति नहीं कर सकती है । इससे पता चलता है की कहाँ पर अनावश्यक खर्च हो रहा है । जिसके रोकने से और संतुलन बनाने से संस्था को लाभ मिलने लगता है । इस चेकिंग मेकेनिज्म की विधा को ऑडिट कहते हैं तथा इस उपलब्धि को पाने में आने वाले विधि को सर्वे कहते हैं । ठीक उसी तरह सिक्यूरिटी विभाग भी अपने को चुस्त - दुरुस्त रखने के लिए सिक्यूरिटी ऑडिट और सर्वे करता है । यह कभी अपने ही लोगों द्वारा तथा कभी - कभी बाहरी कंसल्टेंट (consultant) के द्वारा किया जाता है । बाहरी कंसल्टेंट अगर योग्य है तो निष्पक्ष परिणाम मिलता है । जिससे डिपार्टमेंट को और मजबूत किया जा सकता है । कमियों को दूर करना ही इसका मुख्य उद्देश्य है, न की किसी को नीचा दिखाना ।

हर संस्थाओं की अपनी - अपनी जरूरत होती है । उसके अनुसार ही उसकी ऑडिट की जाती है । लेकिन आधार एक ही

जैसा होता है "कब और कैसे" । कोई लिखित नियम नहीं है की कहाँ से सुरुआत किया जाय । लेकिन ऑडिट करते हुए तीन मुख्य चीजों पर ध्यान दिया जाता है ।

१ -  विस्तृत रूप से समस्यायों को पहचानना

२ -  और क्या घटनाएँ भविष्य में घटित हो सकती है

३ -  समस्या का निदान के लिए योजना बनाना

सर्वे करते वक्त निम्न कुछ बातों पर ध्यान देना आवश्यक है

## A - डाटा इकट्ठा करना (data gathering)

बिना डाटा इकट्ठा किये सर्वे को पूरा नहीं किया जा सकता है । इसलिए उसका वर्गीकरण करके एक पूरी सूंची बनायें ।

१ -  संस्था की कार्यशैली और उद्देश्य –

हर एक संस्था की जरूरत भिन्न – भिन्न होती है । जरूरत को ध्यान में रख कर ही सर्वे को आगे बढ़ाना चाहिए ।

अ - विभाग का मिशन (mission)

ब - विभाग का मिशन किस तरह संस्था के मुख्य उद्देश्य (goal) को पूरा करने में हिस्सेदारी निभाता है

स - विभाग की कार्यशैली, विजनेस कन्टयुनीटी प्लानिंग में हिस्सेदारी और उनकी योजना

२ -  नुकसान

सर्वे का मुख्य उद्देश्य है नुकसान का पता लगाना । इसलिए तीन साल तक हर तरह के होनेवाले नुकसान का हिसाब - किताब रखना चाहिए । इस नुकसानों को अलग - अलग श्रेणी में लिखा जाना चाहिए । जैसे की –

अ - चोरी

ब - डकैती

स - अपने लोगों द्वारा होने वाला नुकसान

द - गबन

ध - जालसाजी

न - धोखा

३ - अन्य घटनाएँ

हर अन्य घटनाओं का संकलन करना चाहिए। इस सबका भी रिकॉर्ड लगभग तीन साल तक रखना चाहिए। ऐ घटनायें निम्न रूप में हो सकती है।

1 - धावा/प्रहार

2 - दुर्घटना

3 - शराब और नशीले पदार्थों से सम्बंधित केस

4 - बम धमकी

5 - दंगा - फसाद, यूनियन समस्या

6 - कंप्प्यूटर का फिजूल उपयोग

7 - सूचनाओ की चोरी

8 - उस एरिया में अपराध का रिकॉर्ड

यह जानने की बहुत ही आवश्यकता है कि किस एरिया में यह संस्था है। इस जानकारी के हिसाब से सुरक्षा का सही इंतजाम किया जा सकता है

५ - सामानों का पूरा हिसाब

जो भी चीज खरीदी जाती है उसका बराबर रिकॉर्ड रखना चाहिए। ऐसा बहुत देखा गया है की पेपर पर तो समान खरीदा जाता है लेकिन वास्तव में समान आता ही नहीं है। संस्था के बिल पास करने के तरीके को समझना आवश्यक है

६ - बजट

आजकल बहुत सी कंपनियां हर एक चीज का अलग - अलग बजट बनाती है । जैसे की आग, सिक्यूरिटी तथा नुकसान रोकने के लिए, अलग - अलग बजट बनता है ।पास हुए बजट का कितना हिस्सा खर्च हुआ है ।

७ - ऑडिट का रिकॉर्ड

यह देखना बहुत जरुरी है की जो भी ऑडिट हुई है, उस पर अमल होता है की नहीं । संस्था एवं विभाग कितना गंभीर है, ऑडिट को लेकर । कहीं यह कानून तथा लोगों के आलोचनाओं से बचने के लिए तो नहीं किया जा रहा है ।

८ - वातावरण

आजकल सबका कर्तव्य है की वातावरण को सुरक्षित रखा जाय । कहाँ तक संस्था इसके बारे में सोचती है और क्या योजनाये बना रखी है?

# B - खतरों की पहचान (identifying risk)

१ - संपत्ति की सुरक्षा

हर एक वस्तु जो की संस्था की है तथा उसकी उन्नति में भागीदारी रखती है, उसे संपत्ति कहते है । इसलिए यह जानना जरुरी है की उसकी रखवाली कैसे की जाय । निम्न रूप से इस चल – अचल संपत्ति को श्रेणीबद्ध किया जा सकता है ।

क - गोदाम

ख - स्टोरेज टैंक

ग - कच्चा माल

घ - कंपनी का बनाया हुआ माल

च - धन

छ -   आवक - जावक

ज -   स्टाफ का चुनाव...... इत्यादि

२ -   खतरे

हर एक संस्थाओं को अलग - अलग ढंग का खतरा रहता है । लेकिन कुछ खतरे तो सामान्य रूप से सब जगह एक सामान ही रहता है । जैसे की -

अ - प्राकृतिक आपदाएं

ब -  औद्योगिक आपदाएं

स -  बाहरी लोगों द्वारा चोरी

द -  अंदुरीनी लोगों द्वारा चोरी

ध -  तोड़ - फोड़

न -  नियम - कानून की अवहेलना

३ -  नुकसान होने की सम्भावना

कब नुकसान होगा या किस चीज से होगा उसकी भविष्यवाणी नहीं की जा सकती है । लेकिन हर एक घटित घटनाओं को लिपिबद्ध किया जा सकता है । इस तरह से उसको ऑडिट और सर्वे में सम्मलित किया जा सकता है ।

४ -  खतरों का प्रभाव

हर एक खतरों का अलग – अलग प्रभाव होता है, जैसे कि -

अ - वह खतरा जिससे संस्था का बहुत नुकसान हो और फिर से उठने में मुश्किल आए

ब - वह खतरा जिससे नुकसान हो लेकिन संस्था वहन कर सके

स - वह खतरा जिसका कोई विशेष प्रभाव तो नहीं पड़े, लेकिन मामूली नुकसान जरुर पहुंचे

## C - अधिसूचना (notification)

सूचित करके या बिना सुचना के ऑडिट किया जा सकता है । सूचित करके ऑडिट या सर्वे करने के कई फायदे हैं –

अ - सूचित रहने पर लोग सही समय निकालकर बातचीत में हिस्सा लेते हैं

ब - इससे रोजमर्रा के ऑपरेशन में कोई प्रभाव नहीं पड़ता है । अचानक पूछताछ करने से रोजमर्रा पर असर पड़ता है, जो कि सही नहीं है । ऑडिट का मुख्य उद्देश्य है कमियों को खोजना न की जाँच - पड़ताल करना

## D - सर्वे से पहले लोगों से मुलाकात करना - pre survey meeting/coordination

यह जरूरी है की डाटा संग्रहित करते वक्त उन सभी सम्बंधित लोगों से मुलाक़ात की जाय, जिनसे सूचनाएं प्राप्ति किया जा सके । ऐ सूचनाएं ऑडिट/सर्वे के समय बहुत ही महत्त्वपूर्ण होती हैं ।

लंका निसिचर निकर निवासा ।

इहाँ कहाँ सज्जन कर बासा ॥

# अध्याय - ५

# आपदा - प्रबंधन
# (Disaster Management)

आपदा वह परिस्थिति है जो अचानक आकर भारी जान – माल की नुकसान पहुचाने की कोशिश करे और उसकी रोकथाम बिना समय बर्बाद किये करना पड़े। आपदा या विपत्ति कभी भी पूछकर नहीं आती है।अचानक आकस्मिक घटना जिससे जान – माल की क्षति हो उसे आपदा कहते हैं। इस आपदा से ठीक ढंग से बचा जा सके, उसे आपदा - प्रबंधन कहते है। अगर पहले से उचित प्रबंध किया जाय तो छोटी आपदा से बचा जा सकता है। लेकिन बड़ी मुसीबत आने पर उस जगह से हटना ही उचित रहता है। जिसे अंग्रेजी में एवैकुएसन (evacuation) कहते है।

छोटी मुसीबत के लिए पहले से व्यवस्था करें जिससे से की वक्त आने पर उसका सामना किया जा सके (फाइट/fight) और बड़ी विपत्ति के लिए उस जगह से हटकर अपने को सुरक्षित रखने का इंतजाम करना चाहिए (पलायित/plight)। संक्षिप्त में कहें "लड़ें या भाग जाये" का सिद्धांत ही आपदा - प्रबंधन का मूलमंत्र है। हमेशा याद रखें की जान है तो जहाँ है। सर सलामत तो पगड़ी हज़ार। कोई भी चीज, जान से मूल्यवान नहीं है। जो जिस समय जरुरी है उसके हिसाब से काम करना चाहिए।

इसे सरल भाषा में समझने के लिए दो भागो में बांटा जा सकता है ।

1 - प्राकृतिक आपदा – (नेचुरल डिजास्टर/natural disaster)

2 - मानवीय आपदा – (मैन मेड डिजास्टर/man made disaster)

## प्राकृतिक आपदा

प्रकृति समय – समय पर अपनी छवि एवं महत्ता विश्व को बताते रहती है । कभी - कभी तो प्रकाल रूप ले लेती है, जैसे की –

१ – भूकंप (earth quake)

२ – सुनामी (tsunami)

३ - ज्वालामुखी (volcanic eruption)

४ - भूस्खलन (land slide)

५ - बाढ़.....इत्यादि (flood)

## मानवनिर्मित आपदा

सभ्यता के विकास के साथ – साथ मानव ने विनाशकारी कार्य करना शुरू कर दिया । कुछ चीजें तो बेहद ही सरदर्द बन गयी हैं, जैसे की –

i - आतंकवाद – terrorism

ii - धमकी – threat call

iii - अपहरण – kidnapping

iv - भगदड़ – stampedes

v - दंगा – riots

vi - युद्ध – war .......इत्यादि

विकासशील देश इस समय प्राकृतिक एवं मानवीय आपदा के बड़े शिकार हो रहें है । हर साल बहुत ही जान - माल का नुकसान हो रहा है । नए - नए प्रयोग भी प्रकृति को नुकसान पहुंचा रही है । ज्यादा सुख – सुविधा की चीजें प्रकृति को क्षति पहुंचा रही है । जिससे ग्लोबल वार्मिंग का खतरा दिन पर दिन बढ़ता जा रहा है ।

## आपदा प्रबंधन

आपदा प्रबंधन का मूल मंत्र है पूर्व योजना बनाना एवं वक्त आने पर प्रयोग में लाना । समय – समय पर इस योजना का अभ्यास करते रहना चाहिए । अंग्रेजी में इसे कहते हैं – be prepared

| P | lan | |
|---|-----|---|
| R | espond | |
| E | ducate | |
| P | erform | BE PREPARED |
| A | lert | |
| R | eview | |
| E | xecute | |
| D | eliver | |

योजना बनाएं, योजना को क्रियान्वित करें, लोगो को भी शिक्षित करें, सावधान रहें, योजना की समीक्षा करें, अमल में लायें और समय आने पर उसको उपयोग में लायें ।

पहले योजना बनाते वक्त केवल चार विषयों पर ध्यान दिया जाता था, लेकिन अब उसमे दो और जोड़ दी गयी है। अतः योजना बनाते वक्त छः बातों पर ध्यान रख कर काम करना चाहिए ।

१ -  रोकथाम/prevention

२ -  शांति/mitigation

३ - योजना/preparedness

४ - वापस प्राप्त करने की विधि/recovery

और

५ - पुनर्वास/rehabilation

६ - पुनर्चना/reconstruction

## आपदा के समय क्या करें या न करें

पुस्तकों में लिखी बातें बहुत अच्छी लगती है लेकिन वास्तविकता आने पर लोगों के होश उड़ जाते हैं। इसलिए जो भी योजना बनाई जाये उसे समय - समय पर परख लेना चाहिए। लोगो को उसमें ज्यादा से ज्यादा रूचि दिखानी चाहिए। ऐसे बहुत से उदाहरण है जहाँ पर लोग अपनी योजनाओं को समय – समय पर परखते रहने से गंभीर वास्तविक समस्याओं से अपने लोगो और सम्पतियों को बचाया है। उदाहरण के लिए जापान में आया भूकंप, २६/११ के दौरान ताज होटल के स्टाफ का व्यवहार, बंगलोर में लगी आग इत्यादि।

राष्ट्रीय आपदा समिति के वेबसाइट पर बहुत ही जानकारी उपलब्ध है। हर कोई जो आपदा प्रबंधन से संबंधित हो उसे **www.ndma.nic.in** या **www.ndma.gov.in** पर लिखी जानकारियों का पूरा उपयोग करना चाहिए। सरकारी जानकारियां बहुधा प्राकृतिक आपदाओं से संबंधित हैं उससे फायदा उठायें। आज सुरक्षाकर्मी का रोल संगठन में बहुत ही महत्वपूर्ण है और आपदा - प्रबंधन की जिम्मेदारी उस डिपार्टमेंट की है। आजकल ज्यादा खतरा मानवीय निर्मित है।

आतंकवाद आपदा में नहीं गिना जाता है लेकिन मेरी समझ में यह एक इस युग की सबसे बड़ी आपदा है। कुछ धर्मान्ध व्यक्तियों का समूह पुरे विश्व को हिलाकर रखा है। लोग घर से सुबह रोजी - रोटी के लिए तो निकलते है लेकिन वापस घर सही सलामत पहुंचेगे

की नहीं, इसका डर हमेशा घरवालों को लगा रहता है । इसलिए लोग समय - समय पर अपने चहेतों को फोन करते रहते है की सब कुछ ठीक – ठाक है ।

हर आपदा में क्या करें या क्या न करें का अलग – अलग संदेश होता है । उसमें से कुछ मुख्य आपदाओं को निम्न रूप से समझने की कोशिश करेंगे।

| आपदा का रूप | न करें | करें |
|---|---|---|
| बाढ़ | बाढ़ के पानी के साथ खाना न पकायें | पानी का स्तर बढ़ने लगे तो ऊँचे जगहों पर चले जायें |
| | किसी भी गीले विद्ुत् उपकरण को न तो चालू करें और नहीं उसे छुएं | घर और संस्थानों में प्राथमिक उपचार बाक्स जरुर रखें |
| | कीचड़ और गंदे पानी में जानें से बचें | उबालकर या क्लोरिन टेबलेट का उपयोग करके ही पानी पियें |
| | सापों से बचें । बाढ़ आने पर सांप भी सूखे जगहों पर अपना बसेरा बना लेता है । | अपने चारो तरफ की भौगोलिक स्थित की जानकारी जरुर रखें |
| | बाहर की खाद्य - पदार्थ का सेवन न करें | खाने – पीने की समुचित व्यवस्था रखें |

| | | |
|---|---|---|
| भूकम्प | अलमारियों के उपरी सेल्फ में वजनी वस्तु न रखें | डक, कवर और होल्ड के नियम को अपनाएं |
| | ज्वलनशील पदार्थ या गैस को ऊपर न रखें, जिसके गिरने से आग लगने की सम्भावना हो | खुले स्थान पर जाएँ, अगर गाड़ी में हैं तो सुरक्षित रोककर उसमें ही बने रहें |
| | भूकंप का आभास होने पर बिल्डिंग, पेड़, पुल या किसी भी भारी चीज के निचे न छुपे जिसके अंदर दब जाने का खतरा हो | झटके खतम होने के बाद भी बिल्डिंग में वापस आते वक्त बिल्डिंग को चेक कर लें |
| | घबड़ायें नहीं, सोचने की शक्ति कम हो जाएगी | संयमता वरतें, बाहर निकलते वक्त शांती बनायें रखें |
| आतंकवादी घटना/ युद्ध/हिंसा इत्यादि | ज्यादा विचलित होकर इधर उधर न भागें | शांतता एवं संयमता बरतें |
| | अनजानी वस्तुओं को न छुएं | बम के फूटने की सुरत में जमीं पर हाथों से सर, कान एवं चेहरे को पकड़ते हुए जमीन की तरफ मुँह करके बैठ जाएं |
| | ग्लास के दरवाजों के पास न खड़े हों | हो सके तो दांतों के बीच रुमाल रख लें |
| | अफवाहों को और हवा न दें | अशांत क्षेत्र से दूर रहने की कोशिश करें |

| | | |
|---|---|---|
| आग | बदहवाशी में इधर - उधर न भागें। | दरवाजा खोलते वक्त सावधानी बरतें, कहीं आग दरवाजे के सामने ही न हो। |
| | धुवें वाली जगह में न जाये। | अगर धुआं चारों तरफ हो तो मुँह पर गीली रुमाल रख कर, झुक कर वहाँ से निकलें। |
| | अगर ऑफिस में हैं तो, निकलकर सीधे घर न चले जाएँ। | असेंबली पॉइंट पर जा कर अपनी उपस्थिति दर्ज कराएँ। नही तो हो सकता है, आपको खोजने में दुसरे की जान मुश्किल में पड़ जाये। |
| | समान इकठ्ठा करने में समय न गवाएं। | जैसे ही आग की सुचना मिलती है, उस जगह से बाहर निकल जाएँ। |
| | लिफ्ट का प्रयोग न करें। | सीढियों का ही उपयोग करें। |

निम्न दो आपदाओं के बारे में थोडा विस्तार से समझने की कोशिश करेंगे।

१ - आग

२ - भूकंप

# आग

जैसा की शुरुआत से ही इस बात पर विशेष उल्लेख किया गया है की सुरक्षकर्मियों की ड्यूटी, विपदा के समय ज्यादा ही रहती है । वे लोग ही परिस्थिति को सामान्य बनाये रखने के लिए जिम्मेदार होते हैं । आग एक सबसे गंभीर समस्या ऑफिस, बहुमंजली इमारतों, घर - दुकान एवं फैक्ट्रियों के लिए है । अगर ठीक से हाउसकीपिंग न किया जाय तो थोड़ी सी भूल भयावह रूप ले लेती है । रिकॉर्ड बताता है की सबसे ज्यादा जान – माल का नुकसान आग से ही होता है ।

इंडस्ट्रियल सेफ्टी रिव्यु (www.ind-safety.com) के सर्वे को अगर माना जाय तो, हर साल भारत में २५००० लोग आग के शिकार बन जाते हैं । जिसमे सबसे ज्यादा ६६% महिलाएं प्रभावित होती हैं । बिज़नेस स्टैण्डर्ड पत्रिका के मुताबिक हर रोज औसतन ५४ लोग भारत में आग से मरते है ।

**http://www.business-standard.com/article/ specials/fire-accidents-kill-54-people-daily-in-india-yet-deaths-have-declined-115092500584_1. html**

रहिवाशी इलाके, झोपड़ी - झुग्गी और संकरी मार्केटों में हर साल आग की घटना घटित होती है । कुछ जगह तो हर साल आग लगती है । फिर भी लोग उससे कुछ भी सिख नहीं लेते हैं । ये अच्छे हाउसकीपिंग करके ही बहुत से आग की घटनाओं को रोका जा सकता है ।

प्राचीन समय में काटन मिलों में आग से बहुत नुकसान होता था । क्षति की भरपाई बिमा कंपनियों को करना पड़ता था । आग से होने वाले नुकसान को रोकने के लिए, बिमा कंपनियों ने इस पर काम करना शुरू किया । धीरे - धीरे हर मिल एवं फैक्ट्रियों में अलग से एक डिवीज़न ही बना दिया गया ।

महाराष्ट्र फायर प्रिवेंशन एंड लाइफ सेफ्टी मेजरस रूल्स २००९, लोगों को आग से सुरक्षित रखने के लिए बनाया गया है। इमारतों को पूर्ण सत्यापन जब ही मिलता है, जब फायर ब्रिगेड सत्यापित करे की फायर सेफ्टी का हर नॉर्म को फालो किया गया है। बिल्डर सर्टिफिकेट पाने के लिए बेसिक चीज लगा देते हैं। बाद में लोग उसे भी मेंटेन नहीं करते हैं। करोड़ों - करोड़ों का फ्लैट खरीदते हैं, लेकिन फायर सेफ्टी का ख्याल नहीं रखते हैं।

हर शहर में एक फायर ब्रिगेड डिपार्टमेंट होता है, जो लोकल गवर्नमेंट के मातहत काम करता है। जो मुख्यतः अग्नि शमन दल होता है, लेकिन समस्यानुसार किसी भी आपदा में समाज की सेवा में यह विभाग सदैव तत्पर रहता है। जैसे की इमारतों का ढह जाना, तेल या गैस का रिसाव, बाढ़, सड़क या रेल दुर्घटना इत्यादि। फायर ब्रिगेड के जवान आपदा आने पर मुश्तैदी से लोगों के सेवा में लग जाते हैं।

मुंबई फायर ब्रिगेड का इतिहास बहुत ही पुराना है। यहाँ पर सन १७७७ से आग बुझाने का संगठित प्रयास किया जाता रहा है। सन १८५५ में मुंबई फायर ब्रिगेड, पुलिस डिपार्टमेंट के मातहत हो गया। सन १८८७, एक अलग से एक्ट बनाकर इसे मुंबई म्युनिसिपल कारपोरेशन के मातहत कर दिया गया। सन १९४८ में ऍम जी प्रधान, पहले भारतीय चीफ फायर ऑफिसर बने।

१४ अप्रैल १९४४ एस एस फोर्ट स्टिकीने नामक जहाज विक्टोरिया डॉक मुंबई पोर्ट में खड़ा था। जिस पर भयंकर आग लग गयी। जिससे बहुत ही जन धन की हानि हुई। लगभग ८०० लोग मारे गए। आग पर काबू पाने के लिए मुंबई फायर ब्रिगेड ने हर कोशिश की। इस आपदा में मुंबई फायर ब्रिगेड के ६६ लोग शहीद हो गए। इन शहीदों को याद करने के लिए हर साल अप्रैल १४ - २०, फायर सर्विस वीक के रूप में मनाया जाता है।

साधारण भाषा में आग/FIRE को निम्न रूप से समझने की कोशिश करेंगे

| F | Find | पता लगाना |
|---|---|---|
| I | Inform | सूचित करना |
| R | Restrict | फैलने से रोकना |
| E | Extinguish | बुझाना |

जब भी आग दिखाई देती है तो इमरजेंसी नंबर पर सूचित करना चाहिए । कभी भी बिना किसी को सूचित किये आग बुझाने के लिए नहीं भागना चाहिए । हमेशा लोगो की सहायता के लिए आवाज देना चाहिए । अमेरिका में हर एक इमरजेंसी के लिए एक ही नंबर है । जबकि हमारे यहाँ हर एक इमरजेंसी के लिए अलग - अलग नंबर है । जैसे की –

| फोन नंबर | सुबिधा |
|---|---|
| १०० | पुलिस मदद |
| १०१ | फायर ब्रिगेड |
| १०२/१२९८ | एम्बुलेंस |
| १०३ | पुलिस सहायता - महिलाये, बच्चे और वरिष्ठ नागरिक |
| १०५ | बॉम्बे हार्ट ब्रिगेड |
| १०८ | इमरजेंसी डिसास्टर मैनेजमेंट |
| १८१ | महिलाओं की सहायता |
| १९१६ | MCGM कंट्रोल रूम |
| १०९७ | एड्स सहायतार्थ |
| १०९८ | बच्चों के सहायतार्थ |
| **११२** | **सब तरह की इमरजेंसी के लिए** |

आपदा प्रबंधन से जुड़े लोंगो को विषय की जानकारी के साथ - साथ हर एक सम्भावित हल चल पर पकड़ रखनी चाहिए । उपयोगी सूचनाओं के आधार पर अपनी व्यवस्था बनाना तथा लोगो को आगाह करना चाहिए ।

सूचनाओं के आदान – प्रदान को इस तरह से प्रदर्शित किया जा सकता है।

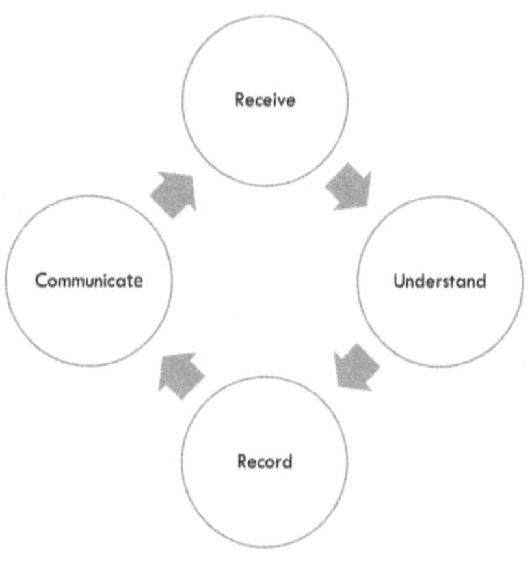


# आग की परिभाषा

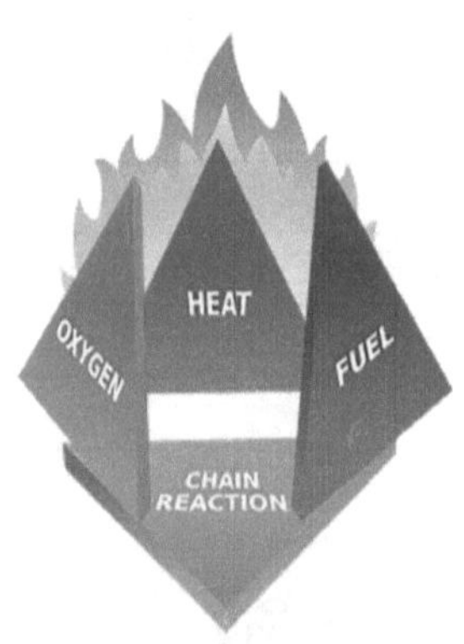


आग एक रासायनिक प्रक्रिया है जिसमे की ज्वलनशील पदार्थ एक उचित तापमान पर आक्सीजन से क्रिया करके धुआं, रोशनी और गर्मी पैदा करते हुए अपने रूप को परिवर्तित करने लगता है।

आग की रासायनिक प्रक्रिया को पुरा करने के लिए तीन चीजों का होना अतिआवश्यक है -

१ -  ज्वलनशील पदार्थ

२ -  ऑक्सीजन

३ -  ताप या उर्जा

इस रासायनिक प्रक्रिया में ज्वलनशील पदार्थ, वातावरण में उपलब्ध ऑक्सीजन को लेकर कार्बन डाई ऑक्साइड को छोड़ता है।

आग लगने और बुझाने को समझने के लिए ज्वलनशील पदार्थों के बारे में जानना अतिआवस्यक है। मार्केटिंग करने वाले लोग कई सामान को फायर प्रूफ कहते हैं। लेकिन इस दुनिया में कोई भी ऐसी चीज नहीं है जो की नही जलेगी। हर एक चीज एक निश्चित तापमान पर जरुर जलेगी। कोई पदार्थ आग प्रतिरोधी (fire resistance) हो सकता है लेकिन फायर प्रूफ नहीं।

ज्वलनशील पदार्थ ऑर्गनिक कंपाउंड (organic compound) का बना होता है। ए ऑर्गनिक पदार्थ कार्बन, ऑक्सीजन एवं हाइड्रोजन का बना होता है। जब किसी रासायनिक पदार्थ की रासायनिक क्रिया शुरु होती है तो उसके अणु आपस में टूटने एवं जुड़ने लगते हैं। जिस कारण से पदार्थ की संरचना में परिवर्तन होनें लगता है। उस टूटने और जुड़ने के कारण उर्जा निकलने लगती है। जिसे की दहन (combustion) कहते हैं। इस क्रिया में पदार्थ का ऑक्सीकरण होने लगता है।

अणुओं को आपस में जुड़े रहने को बांड (bond) कहते हैं। यह एक तरह का एटॉमिक ग्लू (atomic glue) है, जिस के कारण अणु एक दुसरे को बांध करके रखते हैं।

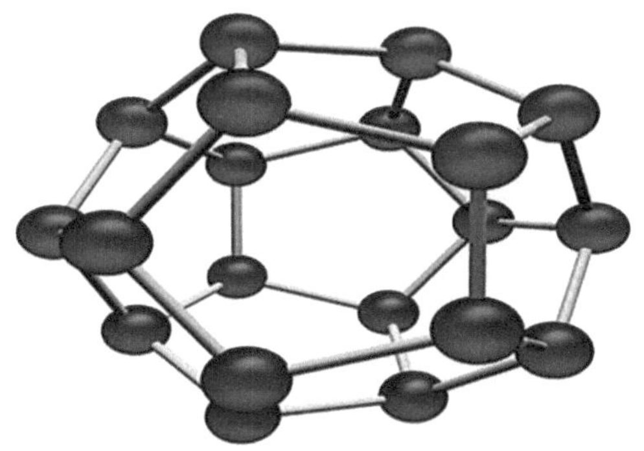

पदार्थ के molecules (छोटे अणु) एवं अणुओं को आपस में जोड़ने के लिए तथा जुड़े रहने के लिए उर्जा की जरूरत होती है । इस क्रिया को एन्दोथेर्मिक रिएक्शन (endothermic reaction) कहा जाता है । जब ए बांड टूटता है तो इसमें से उर्जा निकलने लगती है और इस क्रिया को एक्सोथेर्मिक रिएक्शन (exothermic reaction) कहते है

जैसा की हम जानते है की ज्वलनशील पदार्थ मूलतः तीन रूप में पाए जाते हैं ।

अ – ठोस पदार्थ – लकड़ी, कपड़ा ...

ब – द्रव्य पदार्थ – पेट्रोल, डीजल, केरोसिन ...

स – गैस पदार्थ – एलपीजी, CNG ....

जब फायर फाइटिंग करते हैं तो इस बात का ध्यान रखना चाहिए की किस वस्तु पर आग लगी है । उसके अनुसार फायर फाइटिंग करनी चाहिए ।

## ताप के श्रोत

बिना गरम हुए आग नही लगती है । ताप के कुछ निम्न प्रमुख श्रोत है –

अ - रासायनिक (chemical)

जब किसी पदार्थ की रासायनिक क्रिया शुरू हो और अणुओं का बांड टूटने लगे तो ऊष्मा पैदा होती

ब - यांत्रिकी (mechanical)

घर्षण के कारण ऊष्मा का उत्पन्न होना

स - इलेक्ट्रिकल (electrical)

शार्टसर्किट से या इलेक्ट्रिकल उपकरणों के ज्यादा गरम होने से ऊष्मा का उत्पन्न होना

d - न्यूक्लियर (nuclear)

आधुनिक युग में ताप या उर्जा का मुख्य श्रोत न्यूक्लियर एनर्जी ही है इसका उपयोग अगर कण्ट्रोल ढंग से हो तो बहुत ही अच्छा, नही तो बहुत ही गंभीर परिणाम भुगतना पड़ता है। उदाहरण के लिए रूस एवं जापान के न्यूक्लियर प्लांटों का ध्वस्त होना

जब कोई ठोस पदार्थ गरम होने लगता है तो इसकी बाहरी परत पर गैस बनना शुरू हो जाता है । कुछ समय बाद इस गैस में आग लग जाती है । गैस बनना तथा उसमे आग लगने की क्रिया को प्रज्वलन (ignition) कहते हैं । द्रव पदार्थ जब किसी ताप पर, द्रव से गैस बनने लगे तो उस अवस्था को बोइलिंग पॉइंट (boiling point)/क्वथनांक कहते हैं ।

ऊष्मा स्थान्तरण का तरीका (mode of heat transfer) -

ऊष्मा का स्थान्तरण एक जगह से दुसरे जगह पर निम्न तीन रूप से होता है ।

१ -  संचालन (conduction)

२ -  संवहन (convection)

३ -  विकिरण (radiation)

## संचालन (conduction)

जब गरम पदार्थ का ताप खुद उसके ठन्डे तरफ या दूसरी ठंडी चीज की तरफ जाने लगे तो उसे संचालन (conduction) कहते हैं । जब पदार्थ को गरम किया जाता है तो उसके मालिकुळ्स (molecules) एवं अणुओं में हलचल पैदा होती है । जिसके कारण ऊष्मा उत्पन्न होने लगती है ।

## संवहन (convection)

गरम हवा हमेशा हल्की होकर उपर उठती है और उसका आयतन बढ़ जाता है । हल्की हवा के उपर जाने से उस रिक्त स्थान को भरने के लिए ठंडी हवा आ जाती है । इस तरह से ऊष्मा का स्थान्तरण होने लगता है, इस विधि को संवहन (convection) कहते है ।

# विकिरण (radiation)

जब इलेक्ट्रोमैग्नेटिक प्रकाशीय तरंगें निर्वात (vaccum) में चलती हैं तो इसे विकिरण (radiation) कहतें हैं । सूर्य की किरणों से धरती पर गर्मी का बढ़ना विकिरण का सबसे बड़ा उदाहरण है ।

# आग का वर्गीकरण (classification of fire)

ज्वलनशील पदार्थों के स्वरूप और उसके जलने की क्रिया को ध्यान में रखते हुए आग को पांच भाग में बाटा गया है –

१ - क्लास A -

ठोस पदार्थ पर लगी आग इस श्रेणी में आते है । जैसे की लकड़ी (सेलुलोज), रबर, प्लास्टिक इत्यादि

२ - क्लास B –

इस श्रेणी में द्रव्य, गैस और ग्रीस जैसे ज्वलनशील पदार्थ आते है । उदाहरण के लिए पेट्रोल, डीजल, एलपीजी, अल्कोहल इत्यादि

३ - क्लास C -

इलेक्ट्रिक से लगी आग इस श्रेणी में आती है । ज्वलनशील पदार्थ क्लास A या B का हो सकता है । फायर फाइटर को हमेशा इस बात का ध्यान रखना चाहिए की आग बुझाने से पहले इलेक्ट्रिकल सप्लाई को बंद कर दें । सप्लाई बंद कर देने से आग या तो क्लास A या क्लास B की हो जाती है । इसके बाद सुबिधानुसार आग को बुझाया जा सकता है

४ - क्लास D -

इसे मेटल (धातु) फायर कहते हैं । कुछ तत्व बहुत ही ज्वलनशील प्रकृति के होते हैं । इस कारण उनसे ही आग लगने की सम्भावना ज्यादा होती है । जैसे की सोडियम, पोटैशियम, मेगनीसियम .....

५ - क्लास K -

यह एक फायर की नई क्लास है । खाना पकाने वाले तेल या वसा से लगने वाले आग को इस श्रेणी में रखा गया है

हर एक महाद्वीप में आग का वर्गीकरण कुछ अलग ढंग से किया गया है । उसमे भ्रमित होने की कोई जरूरत नहीं है ।

| American | European | Australasian | Fuel/Heat source |
|---|---|---|---|
| Class A | Class A | Class A | Ordinary combustibles |
| Class B | Class B | Class B | Flammable liquids |
| | Class C | Class C | Flammable gases |
| Class C | - | Class E | Electrical equipment |
| Class D | Class D | Class D | Combustible metals |
| Class K | Class F | Class F | Cooking oil or fat |

# आग रोकने का उपाय – (Fire fighting)

जैसे की आग की परिभाषा कहती है की आग लगने के लिए चार चीजों की आवश्यकता पड़ती है ।

१ -  ज्वलनशील पदार्थ (fuel)

२ -  ऊष्मा (heat)

३ -  ऑक्सीजन (oxygen)

४ -  रासायनिक क्रिया (chemical reaction)

जब उपर्युक्त चार चीजें आपस में मिलेंगी तो ही आग लगेगी। इसमें से एक भी कम हो या एक चीज को हटा दिया जाय तो आग नहीं लगेगी।

## Pyrolysis of fire/प्यरोल्यसिस ऑफ़ फायर

Pyrolysis: decomposition brought about high temperatures. The thermal decomposition of carbonaceous materials in the absence of Oxygen.

तापमान के बढ़ने और ऑक्सीजन के सम्मिश्रण से पदार्थ की अवस्था में बदलाव आने लगता है, जिसे प्यरोल्यसिस ऑफ़ फायर कहते है। पूर्ण रूप से आग में बदलने से पहले, पदार्थ में चार तरह का बदलाव आता है।

अ - incipient/प्रारंभिक अवस्था

ब - smouldering/सुलगना

स - flame stage/दहकना

द - heat stage/तपना

मुख्यतः फायर फाइटर के सुविधा और आसानी से समझने के लिए, आग बुझाने की विधि को तीन भाग में बाटा गया है।

## १ - पृथक्करण (separation)

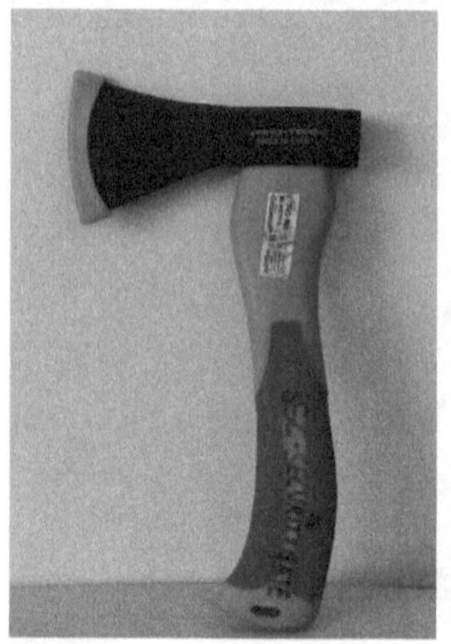

ज्वलनशील पदार्थ को आग से हटाना, इसको पृथक्करण कहते हैं। जब कोई जलनेवाली वस्तु उपस्थित होगी तो ही आग लगेगी । अगर कुछ नहीं है तो क्या जलेगा । इसे starvation या "भूखा रखना" भी खा जाता है ।

## २ - ठंडा करना (cooling)

जहाँ पर आग लगी हो उसे किसी भी तरह से ठंडा करना जिससे की आग को और ताप न मिले । ताप का प्रवाह न होने से आग का प्रसार रुक जायेगा । इसे कूलिंग कहते हैं।

## ३ - ढकना (blanketing)

जलनेवाली वस्तु को ढंक देना, जिससे आग को ऑक्सीजन न मिल सके । जब आग को ऑक्सीजन नही मिलेगी तो अपने आप ही आग बुझ जाएगी । इस विधि को ब्लान्केटिंग कहते है ।

## आग लगने की सुचना – Fire detection

अगर आग लगने की सुचना प्राथमिक चरण में ही लग जाय तो उस पर नियंत्रण करने में बहुत ही आसानी हो जाती है । एक बार आग विकराल रूप ले लेती है तो उसको बुझाना बहुत ही मुश्किल हो

जाता है। आग की अग्रिम सुचना बताने के लिए आजकल कुछ निम्न उपकरण बाजार में उपलब्ध है।

१ - स्मोक डिटेक्टर

२ - हीट डिटेक्टर

३ - मैन्युअल काल पॉइंट/पील बॉक्स

४ - स्प्रिंकलर सिस्टम्स

५ - गैस डिटेक्टर

६ - प्रेसराइज्ड फायर स्केप डोर

७ - टेलीफोन — इत्यादि

## स्मोक डिटेक्टर

आजकल हर एक संस्थानों में इस उपकरण को लगाया जाता है। जैसे ही इसके सम्पर्क में धुआं का कण आता है, चैम्बर के अंदर का सर्किट टूट जाता है। जिसके कारण अलार्म बजना शुरू हो जाता है। स्मोक डिटेक्टर मुख्यतः दो तरह के होते हैं।

१ - आयोनाइज़ेशन (ionization)

२ - फोटोइलेक्ट्रिक (photoelectric)

## हीट डिटेक्टर

यह उपकरण देखने में लगभग स्मोक डिटेक्टर जैसा होता है। इसमें मेटल कनेक्टर लगा होता है। ए कनेक्टर हीट सेंसेटिव होता है। जब भी हीट उस मानक से उपर जाता है तो ए कनेक्टर आपस में मिल जाते हैं और अलार्म बजने लगता है। इसे बहुधा किचेन (जहाँ खाना बनता है) या यैसे जगह पर जहाँ धुँआ निकलता है और स्मोक डिटेक्टर नहीं लगाया जा सकता है, वहाँ पर लगाया जाता है।

## पिल बॉक्स/मैन्युअल काल पॉइंट

यह संस्थान के पब्लिक एरिया में जगह - जगह पर लगाया जाता है । जरूरत पड़ने पर इसके गिलास कवर के तोड़ने से अंदर दबी हुई स्विच बाहर आ जाती है । जिसके परिणाम स्वरूप कण्ट्रोल रूम में अलार्म बजना शुरू हो जाता है । वहाँ पर बैठे व्यक्ति को मालूम पड़ता है की किस एरिया में तकलीफ है और उसके अनुसार सहायता भेजता है ।

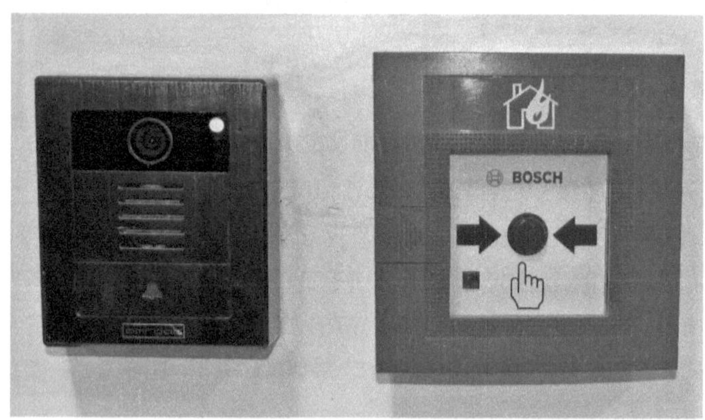

# स्प्रिंकलर सिस्टम

वास्तव में यह एक फायर फाइटिंग उपकरण है। लेकिन इमरजेंसी के समय ध्यान आकर्षित करने के लिए इसको भी प्रयोग में लाया जा सकता है। स्प्रिंकलर लाइन हमेशा पानी से चार्ज रहती है। जैसे ही स्प्रिंकलर हेड पर लगा बल्ब ट्यूब टूटता है, पानी का छिडकाव शुरू हो जाता है। इस कारण पानी का दबाव कम हो जाने से कण्ट्रोल रूम में अलार्म बजना शुरू हो जाता है। स्प्रिंकलर ट्यूब अलग - अलग तापमान पर फटने के लिए बनाये जाते है। कोई ६५ डिग्री से.ग्रे. पर तो कोई ७५ डिग्री से.ग्रे पर फटता है। जब किसी जगह का तापमान उस निर्धारित तापमान से ज्यादा बढ़ता है तो ट्यूब फट जाता है और पानी की बारिस होने लगती है।

# फायर स्केप डोर

फायर स्केप डोर कण्ट्रोल रूम से कनेक्टेड रहता है। यह दरवाजा केवल आपत्ति - निकास के लिए ही खोला जाता है। जब उस एरिया में कोई समस्या आती है तो लोग उसे खोलकर बाहर जा सकते है। अलार्म सिस्टम से कनेक्टेड रहने के वजह से दरवाजा खुलते ही सुचना मिल जाती है और समय रहते ही उस समस्या पर काबू पाया जा सकता है।

# टेलिफ़ोन

जब कहीं पर आग लगती है तो लोग फोन से सूचित करते है। किसी – किसी संस्थानों में अलग से आग की या इमरजेंसी की सुचना देने के लिए नंबर होता है। जिसे हॉट लाइन कहते है। यह लाइन हमेशा उपलब्ध रहती है। टेलीफोन भी एक तरह का फायर डिटेक्शन उपकरण है जहां पर मशीन के बदले लोग सूचित करते हैं।

# गैस डिटेक्टर

गैस सेंसिंग डिटेक्टर गैस लीकेज को भांप लेता है और उसकी सुचना कण्ट्रोल रूम तक पहुचाता है। आजकल घरों में कार्बन मोनो ऑक्साइड डिटेक्टर लगाया जा रहा है। विशेषतः ठंडी वाले प्रदेशों में कमरे को गरम करने के लिए लकड़ी जलाया जाता है। जिसके फलस्वरूप कार्बन मोनो ऑक्साइड भी दुसरे गैसों के साथ निकलती है। जो की एक बहुत ही विष्कारिक, जानलेवा गैस है। सोये हुए व्यक्ति को मालूम ही नहीं पड़ता है और वो हमेशा के लिए सो जाता है।

आजकल बहुत ही नए - नए उपकरण बाज़ार में आ रहे हैं । जिसका मुख्य मकसद है की दुर्घटना घटित होने से पहले ही सूचित कर देना, जिससे की समय रहते नुकसान होने से बचा जा सके ।

## आग बुझाने के उपकरण

आग बुझाने के उपकरण मुख्यतः दो तरह के होते हैं –

१ - फिक्स्ड वेट रायजर (fixed wet riser)

२ - पोर्टेबल फायर एक्स्तिन्युसर (portable fire extinguisher)

## फिक्स्ड वेट रायजर/फायर फाइटिंग उपकरण

फिक्स्ड वेट रायजर दो तरह के होते हैं -

अ - हाईड्रेन्ट सिस्टम

ब - स्प्रिंकलर सिस्टम

# हाईड्रेन्ट सिस्टम

बहुमंजली इमारतों तथा संस्थाओं में पानी संचित करने के लिए अलग से फायर टैंक बने होते हैं । पुरे एरिया को पाइप लाइन से जोड़ा जाता है । जगह - जगह हाईड्रेन्ट बॉक्स बने होते हैं और उसमे होज़ पाइप और नोजल रखा होता है । पानी की जरूरत पड़ने पर होज़ पाइप और नोजल को पाइप लाइन से जोड़ दिया जाता है । वाल्व खोलकर पानी की जरूरत पूरी की जाती है । पानी के दबाव को मोटर पंप से संयंत्रित किया जाता है ।

# स्प्रिंकलर सिस्टम

स्वचालित पानी छिटकने वाले सिस्टम को स्प्रिंकलर सिस्टम कहा जाता है । यह एक प्रेसराईजड पानी के लाइन से सीलिंग में जोड़ दिया जाता है । स्प्रिंकलर नोजल में एक छोटा सा ग्लास ट्यूब लगा रहता है । जिसके अंदर द्रव्य भरा होता है ।जब रूम का तापमान आग लगने के वजह से एक निर्धारित तापमान से बढ़ता है तो अंदर का ट्यूब में रखा हुआ द्रव्य का आकार बढ़ता है । जिसके परिणाम स्वरूप गिलास टूट जाता है । गिलास के टूट जाने के कारण, प्रेसराईजड पानी बहुत ही तेज गति से बाहर निकलता है और उपकरण के आधार पर टकराकर चारों तरफ फैलने लगता है । जब तक फायर फाइटर पहुंचे, स्प्रिंकलर सिस्टम आग को फैलने से रोकता है । ट्यूब में रखे द्रव्य कई तरह के होते है जो अलग - अलग तापमान पर फैलते हैं ।

# पोर्टेबल फायर एक्स्टिंगुसर – (portable fire extinguisher)

ए एक छोटे तरह के उपकरण होते हैं जो जरूरत पड़ने पर कहीं पर भी उठाकर ले जाया जा सकता है । छोटी आग या आग की शुरुआत में, ए आग बुझाने में बहुत ही कारगर होते हैं । लेकिन एक बार आग बृहद रूप ले लेती है तो ए उपकरण उतने प्रभावकारी नहीं होती है । इन उपकरणों में अलग - अलग तरह के आग बुझाने के पदार्थ भरे होते हैं । इन पदार्थों के उपर ही इनका वर्गीकरण किया जाता है । इस समय प्रचलित निम्न रूप के पोर्टेबल आग बुझाने के उपकरण बाज़ार में प्रचलित हैं ।

# १ - पानी वाले उपकरण – (water type)

वे उपकरण जिससे पानी निकले, इस श्रेणी में आते हैं। मुख्य रूप से इसका प्रयोग क्लास A के आग को बुझाने में किया जाता है। इस तरह के उपकरणों का प्रयोग करने से पहले ए सुनिश्चित कर लें की आग इलेक्ट्रिकल फायर न हो। अन्यथा शॉक लग कर भारी नुकसान हो जायेगा। इसमें से निकला हुआ पानी आग की गर्मी को शांत कर देता है और आग बुझ जाती है। उदाहर्णार्थ सोडा – एसिड वाटर बोतल -

$$2\ NaHCO_3 + H_2SO_4 \rightarrow Na_2SO_4 + 2\ H_2O + 2\ CO_2$$

# २ - फोम टाइप फायर एक्स्टिंगुसर (foam type fire extinguisher)

यह क्लास A और क्लास B के आग को बुझाने में प्रयोग किया जाता है। इसमें रखा हुआ केमिकल बाहर निकलकर झाग की तरह आग के उपर छा जाती है। ज्वलनशील पदार्थ को ऑक्सीजन न मिलने के कारण आग बुझ जाती है।

# ३ - कार्बन डाई ऑक्साइड फायर एक्स्टिंगुसर

कार्बन डाई ऑक्साइड गैस फायर एक्स्टिंगुसर को दबाव में डालकर सिलिंडर में भर दिया जाता है। आग लगने पर सिलिंडर का वाल्व खोलकर, उसके उपर गैस का छिडकाव किया जाता है। आग के उपर कार्बन डाई ऑक्साइड गैस के छा जाने से ज्वलनशील पदार्थ को ऑक्सीजन नहीं मिलता है और आग बुझ जाती है।

## ४ - हैलोन या FM २००

हैलोन गैस अब प्रतिबंधित हो गई है। यह गैस हवा से हल्की होने के वजह से अंतरिक्ष के ओजोन स्तर को भेदती हुई बाहर चली जाती है। जिससे अन्तरिक्ष के ओजोन स्तर पर असर पड़ने लगा और स्तर में छेद होने लगा। फलस्वरूप सूर्य की घातक किरने धरती पर आने लगी। जिससे बहुत सी नई – नई बीमारियाँ होने लगी। यह बहुत ही आश्चर्यजनक बात है की ओजोन स्तर का छिद्र अपने आप नहीं भरता है। वो छेद हमेशा ही बना रहता है।

अब हैलोन की जगह पर FM २०० आ गया है। ज्यादातर यह गैस इलेक्ट्रॉनिक उपकरणों पर लगी आग को बुझाने के लिए किया जाता है।

## ५ - ड्राई केमिकल पाउडर एक्सटिनगुउशर

ड्राई केमिकल पाउडर/मोनोअमोनियम फॉस्फेट, सिलिंडर में भरा होता है। सिलिंडर में एक गैस से भरा एक छोटा सिलिंडर होता है जिसे कारत्रिद्ज (cartridge) कहते हैं। जरूरत पड़ने पर एक प्लुन्जर के द्वारा छोटे सिलिंडर के सील को तोड़ दिया जाता है। भरी हुई गैस बाहर आने की कोशिश करती है। जिसके कारण सिलिंडर में दबाव बनने लगता है। परिणाम स्वरूप सिलिंडर में भरी हुई पाउडर बाहर आने लगती है। जिसको लगी हुई आग पर छिडकने से आग बुझ जाती है।

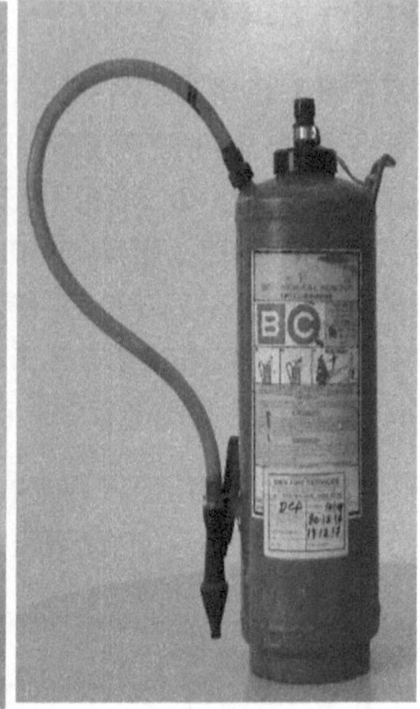

# भूकंप

भूकंप, धरती डोल या धरती कंपन पृथ्वी के अंदर छुपी उर्जा के भ्रमण होने के वजह से होता है। धरती के अंदर की गैस खाली जगह की तरफ जाती है, जिसके कारण धरती के अंदर कंपन शुरू हो जाता है। परिणामस्वरूप धरती के उपर भी उसका प्रभाव महसूस किया जाने लगता है। उर्जा के तरंगों को सेसमिक तरंग (seismic waves) कहते हैं। इसका मानक मैगनितुड और रिक्टर स्केल (magnitude & richter scale) है। जब इसका मानक रिक्टर स्केल ५ से नीचे है तो इसका प्रभाव कम रहता है।

# भूकम्प से नुकसान

भूकंप आने के बाद जन - जीवन अस्त – व्यस्त हो जाता है । इसके बहुत दूरगामी परिणाम होता है, जैसे की –

# चीजों का गिरना या उसमे दरार पड़ना

धरती के हिलने से इमारतों, पेड़ – पौधों, पुल इत्यादि में दरार पड़ जाती है । कंपन अगर बडा हो तो दरार बड़ी हो जाती है, जिसके कारण बड़ी चीजें गिरने - पड़ने लगती है । इसके वजह से बड़ा ही जान - माल का नुकसान हो जाता है ।

# भूस्खलन

कंपन के कारण जमीन तथा पहाड़ों की परतें इधर - उधर खिसकने लगती है, जिसके वजह से चट्टानें खिसक कर गिरनें लगती हैं । इस भूस्खलन से आम जान - जीवन तो त्रस्त होता ही है, बहुत ही जान - माल का नुकसान भी होता है।

# आग लगना

भूकंप के आने की वजह से आग लगने की सम्भावना बहुत ही होती है । जिन नगरों में घरेलू गैस का वितरण पाइप द्वारा होता है, वहाँ पर तो यह एक विकट समस्या है ।

# सुनामी

समुंद्र में भूकंप आने की वजह से समुद्री लहरों की गति तथा ऊचाई में तीव्र बृद्धि हो जाती है । वेग और ऊंचाई के वजह से समुद्र के किनारे बसे हुए नगरों में अचानक पानी भर जाता है । इस आकस्मिक घटना से पूरा जन - जीवन अस्त - व्यस्त हो जाता है ।

# भूकंप से बचने की तैयारी

भूकंप एक प्राकृतिक आपदा है। इस पर मानव का कुछ भी कंट्रोल नहीं है, फिर भी अगर सही योजना बनायीं जाय तो इस आपदा के आने पर राहत पायी जा सकती है। भूकंप के आने की तीव्रता को ध्यान में रखकर इमारतों का निर्माण हो रहा है। शहरों को भी इस तीव्रता के अनुसार बांटा गया है, जिसे सेस्मिक जोन कहतें हैं। सेस्मिक जोन के हिसाब से जीवन – शैली को अपनाना चाहिए।

जैसे की जापान में भूकंप का ज्यादा खतरा होने की वजह से वहां के लोग लकड़ी के मकानों में रहते हैं।

भूकंप के लिए योजना हर एक आपदा प्रबंधन की ही तरह बनाना चाहिए। आपदा प्रबंधन निम्न चार पायदानों पर खड़ा होता है –

१ -  शमन – (mitigation) - कैसे इस आपदा से बचा जाय

२ -  योजना – (preparedness) - आपदा से बचने की तैयारी

३ -  प्रतिक्रिया – (response) - आपदा आने पर राहत - कार्य

४ -  पुनर्लाभ – (recovery) - आपदा के चले जाने के बाद पुनर्व्यवस्था

## क्या करें या न करें

| करें | न करें |
| --- | --- |
| अगर घर के अंदर हैं तो डक, कवर और होल्ड के नियमों का अनुसरण करें। | बदहवास हो कर इधर - उधर न भांगे। |
| कांच, कांच की दिवार, इलेक्ट्रिक और किचन इत्यादि से दूर रहें। | बाहरी दीवार की तरफ न छिपें। |
| जब तक हिलना, बंद न हो जाय, इधर - उधर भागने की कोशिश न करें। | डेबरी गिरते वक्त, चीखें – चिल्लाएं नहीं। धुल से गला भर जायेगा और साँस लेने में तकलीफ होगी। |
| अंदुरुनी दिवार के तरफ छिपें। | लिफ्ट का उपयोग न करें। |

# बिजिनेस कोंतिनुटी प्लानिंग (business continuity planning)

इसे संक्षिप्त रूप में BCP कहते हैं। आजकल यह विषय बहुत ही महत्तवपूर्ण हो गया है।आपदा आने के बाद व्यापार या दिनचर्या को किस तरह से वापस पटरी पर लाया जा सके। उस इंतजाम को बिजिनेस कोन्तिनुती प्लानिंग कहते हैं। आज हर एक संस्था में एक अलग ही डिपार्टमेंट बना गया है जो BCP का काम देखती हैं। आज के माहौल में कोई भी संस्था एक दिन भी अपनी प्रतियोगियों से पीछे नहीं रह सकती है। आपदा आने पर BCP के तैयारीयों से व्यापार पर ज्यादा प्रभाव नहीं पड़ता है।

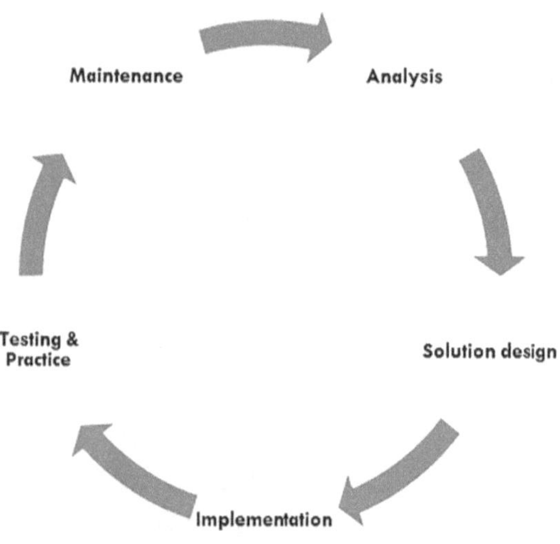


आजकल कंप्यूटर के सर्वर दो अलग - अलग जगह पर बनाये जाते हैं। संस्थाएं अपने रोज के ज्ञामकाज का बैक – अप लेकर रखती है। अगर कुछ हो गया तो संस्था के उपर ज्यादा न प्रभाव पड़े। ९/११ के आक्रमण में पूरा वर्ल्ड ट्रेड सेण्टर तबाह हो गया। लगभग १५० संस्थाओं का व्यापार पूर्ण रूप से तबाह हो गया। वे दुबारा उपर नहीं उठ सके। क्यूंकि उनके पास कोई बैक - अप

प्लानिंग नहीं था । BCP की योजना बनाते हुए, दो निम्न बातों को जरुर ध्यान में रखना चाहिए ।

१ - Recovery Point Objective (रिकवरी पॉइंट ऑब्जेक्टिव)

कंपनी के डाटा को सुरक्षित रखना तथा अगर दुर्घटना हो गयी तो उसे वापस लाना

२ - Recovery Time Objective (रिकवरी टाइम ऑब्जेक्टिव)

दुर्घटना के समय तथा होने के बाद जल्द से जल्द बिना समय गवाये व्यापार को फिर से सुचारू रूप से चालू रखना

BCP मैन्युअल को समय - समय पर उसकी जाँच - परख करनी चाहिए

# अध्याय - ६

# इलेक्ट्रॉनिक सिक्यूरिटी (Electronic Security)

फिजिकल सिक्यूरिटी का यह भाग एक बहुत ही महत्त्वपूर्ण अंग है । इलेक्ट्रॉनिक सिक्यूरिटी सिस्टम, सुरक्षा रक्षकों का काम आसान करता है । सुरक्षा के दो महत्त्वपूर्ण पहलु है ।

अ - पहले से तैयारी (proactive)

ब - घटना घटित होने के बाद की तैयारी (reactive)

सिक्यूरिटी का मुख्य काम है की अधिकृत व्यक्तियों एवं सामान को ही अंदर - बाहर जाने की अनुमति मिलनी चाहिए । आज के युग में एक और बात जुड़ गयी है । व्यक्ति और सामान के साथ एक तीसरी चीज है विचारधारा (thought) । सही विचारधारा के लोग संस्था में जुड़े होने चाहिए । इन तीनो के उपर निगरानी रखने के लिए इलेक्ट्रॉनिक सिक्यूरिटी सिस्टम की जरूरत पड़ती है । इलेक्ट्रॉनिक उपकरणों के सहायता से सिक्यूरिटी के उन पांचों "D" (deter, detect, delay, deny & destroy) को प्राप्त किया जाता है । इन पांचों "D" को ध्यान में रखते हुए हर एक संस्था अपने सुरक्षा खतरों के हिसाब से उपकरणों का चयन करती है । हर एक संस्था की अलग - अलग आवश्यकता होती है । जरूरत के हिसाब से उपकरणों को बनाया जाता है । निम्नतः ये तीन तरह के होते है ।

१ - बाधा (obstacle) तैयार करना - कोई भी व्यक्ति या चीज आसानी से बाहर - भीतर बिना जांच – पड़ताल के नहीं जाना चाहिए

२ - परखना (detection) - आवागमन पर पारखी नजर रखना। गलत चीज को पकड़ना और सूचित करना।

३ - पकड़ना (catch) - गलत व्यवहार को पकड़ना

इन उपर्युक्त, तीन चीजों को ध्यान में रखकर उपकरणों को बनाया जाता है। ये चीजें इलेक्ट्रॉनिक सिक्यूरिटी सिस्टम के अन्दर आती है। हमेशा ये ध्यान रखें की ये सिस्टम चलता रहे। जरूरत पड़ने पर उसका पूरा उपयोग हो। बहुत बार ऐसा देखा गया है की लोग महंगे से महंगा सिस्टम को लगाते हैं लेकिन उसका देखभाल नहीं करते हैं। परिणाम स्वरुप जब भी उसकी जरूरत पड़ती है तो सही समय पर वो मशीन धोखा दे देती है। हम कुछ उपकरणों को पांच "D" के नजर से देखेंगे।

## १ - रोकना (deter)

अ - एक्सेस कंट्रोल

ब - गेट (gate)

स - दीवाल

## २ - खोजना (detect)

1. सीसीटीवी

2. DFMD

3. HHMD

4. Itemizer

5. व्हीकल स्कैनर

6. अलार्म सिस्टम

# ३ - देर करना (delay)

अ - बैरियर्स

ब - बोल्लार्ड

# ४ - अस्वीकार करना (deny)

अ - पहिचान पत्र

ब - कार स्टीकर

# ५ - नष्ट करना (destroy)

अ - टायर किलर

ब - गनमैन

इनमे से कुछ उपकरणों के बारे में हम थोड़े गहराई से अध्धयन करेंगे। ये उपकरण सिक्यूरिटी डिपार्टमेंट की महत्त्वपूर्ण उपकरणों में से है।

# एक्सेस कंट्रोल

साधारण भाषा में इसे कहे तो रास्ते पर नियंत्रण रखना। एक्सेस का मतलब है उपयोग करना, प्रवेश या बिना रोक - टोक के घूमना। अधिकृत व्यक्ति ही सुबिधा का उपयोग कर सकता है।

इसलिए इस पर नियंत्रण होना चाहिए। हर एक व्यक्ति हर चीज के लिए अधिकृत नहीं हो सकता है। इसको पुरे ठीक ढंग से देखना चाहिए। पहले ज़माने में इसे ताले - चाबी के द्वारा नियंत्रित किया जाता था। अब इसे इलेक्ट्रॉनिक लॉक एवं लाग - इन के द्वारा नियंत्रित किया जाता है।

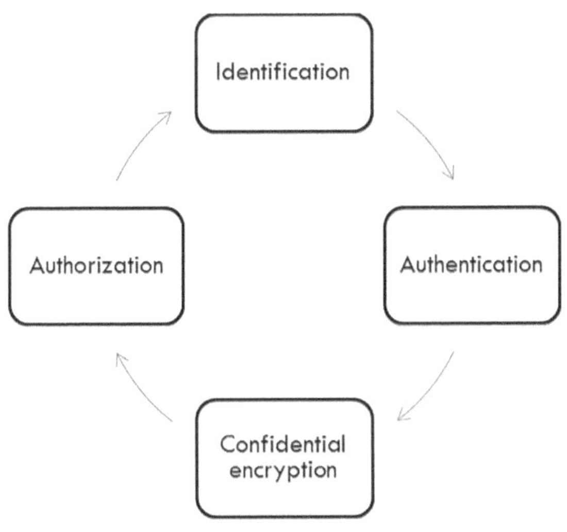


## क्रिया – प्रणाली

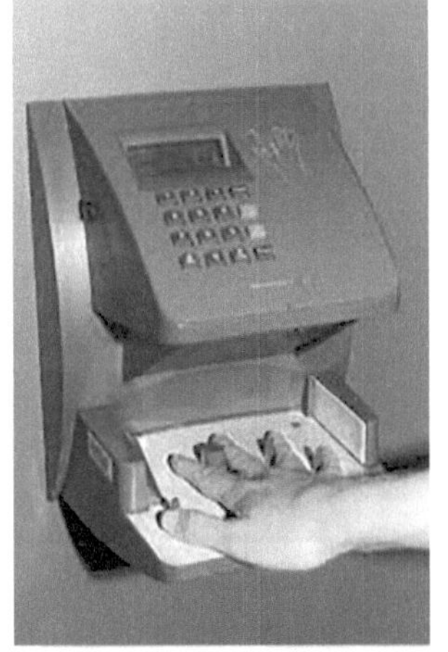

पहले से ही व्यक्ति का गुप्त कोड/ सुचना (information) एक जगह डाटा बेस में स्टोर किया जाता है। जब कोई व्यक्ति ताला खोलना चाहता है तो अपना अधिकृत होने की सुचना लॉक के रीडर को देता है । यह पासवर्ड, कार्ड, बायोमेट्रिक इत्यादी के रूप में दिया जाता है । रीडर इस सुचना को पहले से स्टोर किये गुप्त कोड से मिलाप करता है । दोनों को आपसी मिलन हो जाने पर कंट्रोल पैनल लॉक रिलीज करने की सुचना देता है, जिसके बाद लॉक खुल जाता है । अगर दोनों का मेल नहीं होता है तो लॉक नहीं खुलता है ।

एक्सेस कंट्रोल के निम्न तीन प्रमुख चरण है

१ -  पहचानना (identification)

२ -  प्रमाणीकता (authentication)

३ -  प्राधिकरण (authorization)

पहले पहचानना, फिर उसको प्रमाणित (सही या गलत) करना और बाद में उसको अधिकृत करना। यही चीजे कंप्यूटर, लैपटॉप एवं बहुत से दुसरे इलेक्ट्रॉनिक इसी सिद्धांत पर काम करते हैं। जैसे की व्यक्ति को एक लाग - इन आईडी मिलती है और एक पासवर्ड। लाग - इन नाम के बाद, पासवर्ड डाला जाता है। अगर दोनों मिलता है तो ही व्यक्ति उस कंप्यूटर या लैपटॉप को खोल पाता है। अब तो सभी स्मार्ट फ़ोन भी ऐसे ही काम करने लगे हैं। बिना पासवर्ड डाले, फ़ोन से सुबिधा नहीं ली जा सकती है।

# कार्ड रीडर

एक्सेस कंट्रोल रीडर मुख्यतः तीन तरह के होते हैं।

१ -  बेसिक (non - inteligent) रीडर - साधारण रूप का कार्ड रीडर जो की कार्ड नंबर या पिनकोड नंबर को समझ कर कंट्रोल पैनल के पास जाँच के लिए भेजता है और फिर आगे की कार्यवाही होती है।

२ -  सेमी इंटेलिजेंट रीडर - ऐसे कार्ड रीडर जो की लॉक को खोलने या बंद करने का सामर्थ्य रखते है लेकिन खुद का निर्णय नहीं कर सकते।

३ -  इंटेलिजेंट रीडर - ऐसे रीडर जो लॉक के कंट्रोल करने के लिए

खुद सामर्थ्यवान हो । जो खुद ही उचित निर्णय ले इन श्रेणी में आते है ।

# एक्सेस कार्ड

आवश्यकता एवं उपयोग के जरुरत के अनुसार एक्सेस कार्ड अलग - अलग ढंग एवं रूप में बनाये जाते हैं । आज के आधुनिक युग में एक्सेस कार्ड का बहुत ही महत्त्व बढ़ गया है । बहुत से महत्वपूर्ण जगहों पर एक्सेस कार्ड के साथ – साथ फिंगर प्रिंट . रेटिना स्कैनर भी लगाये जा रहे हैं । आजकल बाजार में कुछ निम्न कार्ड उपलब्ध है ।

पैक्सटन एक्सेस कंट्रोल कार्ड

की पैक एक्सेस कंट्रोल कार्ड

माय फेयर एक्सेस कंट्रोल कार्ड

एच आई डी एक्सेस कंट्रोल कार्ड

क्लैम शेल एक्सेस कंट्रोल कार्ड

विन्गेड एक्सेस कंट्रोल कार्ड

विवेटर एक्सेस कंट्रोल कार्ड

सामान्य रूप से एक्सेस कार्ड एक तरह के स्मार्ट कार्ड होते हैं, जिसके अन्दर बहुत से सन्देश को संग्रहीत किया जाता है । मुख्य रूप से यह एक पहचान – पत्र है जिसके उपर फोटो, नाम, और बहुत से सम्बंधित जानकारियां प्रिंट होती है । आज के बदलते हुए युग में अलग - अलग टेक्नोलॉजी के द्वारा वर्गीकृत किया जाता है । जैसे की मैग्नेटिक स्ट्रिप कार्ड, इंटीग्रेटेड सर्किट चिप कार्ड, बार कोड्स कार्ड, आर ऍफ़ आई डी कार्ड इत्यादि ।

# कार्ड की क्रिया प्रणाली

व्यक्ति की पहचान कार्ड के अन्दर समाहित होती है । कार्ड को कार्ड रीडर के पास लाने पर उसमे निहित सन्देश को कार्ड रीडर पहले से स्टोर डाटा - बेस से परखने के बाद लॉक खोल देता है, जिससे व्यक्ति को अन्दर - बाहर जाने की अनुमति मिल जाती है ।

# इलेक्ट्रॉनिक लॉक

वह लॉक (ताला) जिसके खोलने – बंद करने के लिए कंट्रोल इलेक्ट्रिक करंट की आवश्यकता पड़ती है, उसे इलेक्ट्रॉनिक लॉक कहते हैं । कुछ लॉक स्टैंड एलोन होते है, तो कुछ एक्सेस कंट्रोल से जुड़े होते हैं । मुख्य रूप से इलेक्ट्रॉनिक लॉक एक मैग्नेटिक लॉक होते है जो की इलेक्ट्रॉनिक सूचना पर खुलता हैं और बंद होते है । रूप और कार्य - प्रणाली के अनुसार लॉक के अन्दर का हार्डवेयर अलग - अलग होता है ।

# सीसीटीवी: क्लोज्ड सर्किट टेलीविज़न

यह एक विश्व में सिक्यूरिटी के लिए आधुनिकतम खोज है । इसमें विडियो कैमरा से लिए हुए चित्र, सिंगनल के रूप में परिवर्तित करके केबल से मॉनिटर तक पहुचता है । दूर बैठे मॉनिटर को देखने वाले लोग, दूर की गतिविधियों पर नजर बनाये रखते हैं । इसे अगर रिकॉर्डिंग सिस्टम से जोड़ दिया जाय तो घटना को बार - बार देखा जा सकता है । रिकॉर्डिंग को देख कर किसी भी घटना के तह तक पहुंचा जा सकता है ।

सन १९४२, जर्मनी में राकेट लांचिंग के समय सीमेंस ए जी ने इस तकनीक का प्रयोग किया था । जर्मनी के प्रसिद्ध वैज्ञानिक वाल्टर ब्रुक ने इस तकनीक को प्रयोग में लाया था । सन १९४९ में अमेरिका में इस पर कुछ विशेष रूप से काम हुआ । सन १९७० में विडियो कैसेट रिकॉर्डर (वी सी आर) आने के बाद, इस फील्ड में क्रांति आ गयी । सन १९७३ में न्यू यार्क पुलिस ने टाइम स्कायर पर अपराध रोकने के लिए सीसीटीवी लगाया । इसके बाद आवश्यकतानुसार इस विषय पर और शोध हुआ । अलग - अलग रूप के कैमरे और वी सी आर बाज़ार में आये । CCTV फैक्ट्रीज और इमारतों की सुरक्षा का मुख्य घटक बन गयी । अब तो घर - घर, रेस्टोरेंट, एटीएम इत्यादि, हर जगह पर cctv लगा मिलेगा ।

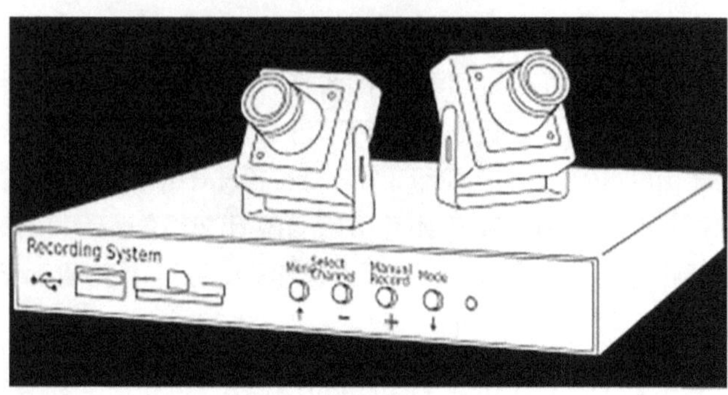


## उपयोग

सीसीटीवी का उपयोग दो अलग - अलग रूप में होता है।

अ - लाइव विज़न:- दूर बैठे घटित होती घटना जिवंत देखना

ब - रिकॉर्डिंग:- घटना घटित होने के बाद उस घटना का पुनरवलोकन

इस तरह से इसका उपयोग निम्न रूप में किया जा सकता है।

१ - अपराध को रोकना:-

सीसीटीवी जिस एरिया में लगा रहता है, उस एरिया में अपराध की घटनाओं में कमी रहती है। घटना घटित होते ही, मालूम पड़ जाता है और उसकी रोकथाम हो जाती है। घटना घटित हो जाने के बाद उसकी रिकॉर्डिंग से अपराधियों तक पंहुचा जा सकता है। सीसीटीवी माल, रेलवे स्टेशन, ट्रेन, बस, बस स्टॉप, पार्क, पार्किंग, जंक्शन, स्कूलों इत्यादी में बहुत ही सकरात्मक परिणाम देता है। अब लोगों ने लोकल ट्रेनों में भी सीसीटीवी लगाने की मांग कर रहे हैं। पुलिस ने स्कूल बसों में सीसीटीवी लगाने पर बहुत ही जोर दिया है।

२ -  उद्योग धंधों में:-

बहुत से उद्योग – धंधों में जहाँ पर व्यक्ति परोक्ष रूप से उपस्थित नहीं रह सकता है, वहाँ पर सीसीटीवी बहुत ही सफल है । जैसे कि स्टील प्लांट की भट्ठियां, इलेक्ट्रिक प्लांट, नुक्लेअर प्लांट इत्यादि ।

३ -  यातायात पर नियंत्रण:-

आज कल बहुत से शहरों का ट्रैफिक कंट्रोल सेंट्रलाइज्ड (केन्द्रिय्करण) हो गया है । इससे वहाँ के यातायात को संभालने में बहुत ही सहूलियत मिलती है ।

४ -  यातायात सुरक्षा:-

आजकल अपराध बढ़ने के कारण पुलिस और अन्य एजेंसियों ने लोकल रेलवे, बस और हर पब्लिक क्षेत्रों में सीसीटीवी लगाने की मांग रखी है ।

५ -  इमारतों की सुरक्षा:- बड़ी इमारतों, होटल, माल, स्कूल, कॉलेज और ट्रेड सेंटरों में इसका उपयोग जान - माल की सुरक्षा के लिए बहुत ही उपयोगी है ।

इन उपकरणों के माध्यम से एक तो लोगों में दहशत रहती है कि उन पर तिसरी आँख की नज़र है । दूसरा अगर गलती करेंगे तो पकड़े जायेंगे । कुछ वर्ष पहले केवल पारम्परिक कैमरा हुआ करता था । उसकी रिकॉर्डिंग एक जगह पर होती थी । अब बहुत जगहों पर नेटवर्क/आई पी (internet protocol) कैमरा लगे हैं। इसको विश्व के किसी भी कोने में बैठ कर देखा जा सकता है, जहाँ भी नेटवर्क उपलब्ध है ।

कैमरा मुख्यतः दो तरह के होते हैं ।

१ -  एनालॉग (analogue) – समानता

२ -  डिजिटल (digital) - अंकित

एनालॉग कैमरा एनालॉग सन्देश और डिजिटल कैमरा डिजिटल सन्देश के रूप में रिकॉर्डर के पास भेजता है ।

# सीसीटीवी की कार्य - प्रणाली

सीसीटीवी यानि की क्लोज्ड सर्किट टेलीविज़न, ब्रॉडकास्टिंग टेलीविज़न से भिन्न है। यह क्लोज्ड सर्किट एक स्थान के रिकॉर्डर से जुड़ा होता है। इसे केवल अधिकृत लोग ही देख सकते हैं। आजकल सीसीटीवी बाज़ार में मुख्यतः निम्न रूप में मिलते हैं –

१ -  एनालॉग सिस्टम

२ -  डिजिटल सिस्टम

३ -  वायर्ड सिस्टम

४ -  वायरलेस सिस्टम

५ -  आई पी सिस्टम

पूरे सिस्टम में लगभग निम्न चीजें होती हैं।

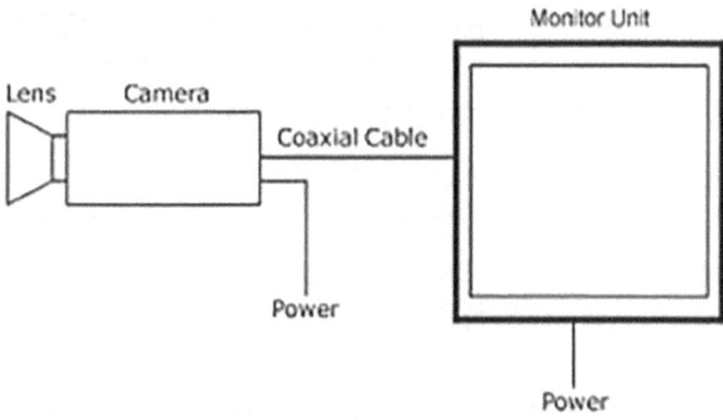


१ -  सीसीटीवी कैमरा

२ -  कैमरा लेंस

३ -  मॉनिटर

४ -  रिकॉर्डर

५ -  वायर/वायरलेस

कैमरा हो रहे एक्शन को लेंस के माध्यम से पकड़ता है और उसे सिंगनल (एनालॉग/डिजिटल) के रूप में वायर या वायरलेस सिस्टम के माध्यम से रिकॉर्डर और मॉनिटर को भेजता है। जहां पर उसे जीवंत देखा जा सकता है और बाद में उसकी रिकॉर्डिंग को भी देखा जा सकता है। बहुत से कैमरा का कंट्रोल मल्टी फ्लेक्सर के द्वारा होता है। मल्टी फ्लेक्सर हर एक कैमरे से कैद हुए चित्रों को अलग - अलग कोड देकर रिकॉर्डर पर रिकॉर्ड करता है। जिससे जरुरत पड़ने पर उस विशेष कैमरों की रिकॉर्डिंग आराम से मिल जाती है।

## मेटल डिटेक्टर

मेटल डिटेक्टर एक इलेक्ट्रॉनिक उपकरण है, जो छिपे हुए मेटल को पकड़ता है। मेटल डिटेक्टर के अन्दर सेंसर लगे होते हैं। जब कोई भी मेटल उस सेंसर से पास होता है तो मेटल डिटेक्टर का औडिबल सिस्टम बीप का अलार्म देता है। मुख्यतः ये दो तरह के होते हैं:-

## १ - पोर्टेबल मेटल डिटेक्टर: हैण्ड हेल्ड मेटल डिटेक्टर (HHMD)

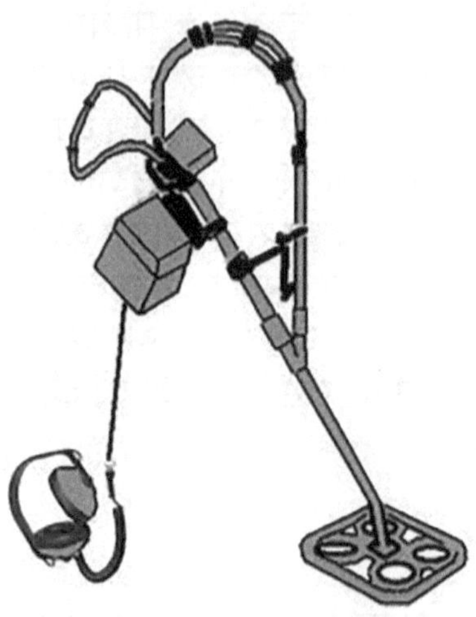

ऐसे मेटल डिटेक्टर को एक जगह से दुसरे जगह पर आसानी से ले जाया जा सकता है। इसे किसी हैण्ड हेल्ड मैकेनिज्म से जोड़ दिया जाता है। जरुरत के हिसाब से इसके साइज़ एवं पकड़ने की जगह बनाई जाती है। जैसे कि मिलिट्री एवं अन्य सिक्यूरिटी एजेंसियां जो जमीं में छिपे हुए बम/माइंस को ढूढ़ने के लिए अलग तरह का और माल या इमारतों में घुसने पर व्यक्ति को सर्च करने के लिए अलग ढंग का होता है।

# २ - डोर फ्रेम मेटल डिटेक्टर: DDFMD

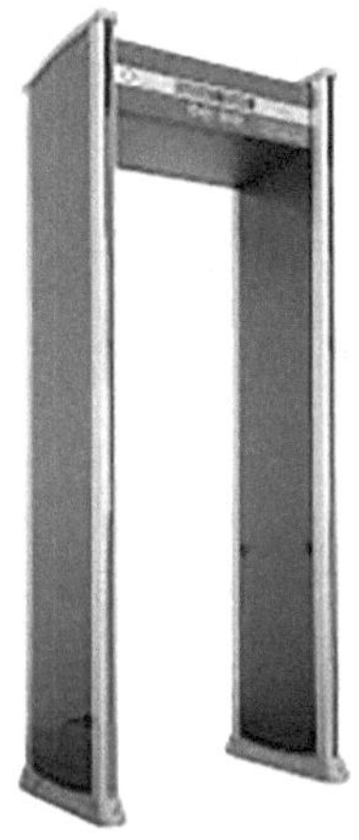

इस इलेक्ट्रॉनिक उपकरण को प्रवेश द्वार पर लगा दिया जाता है । पूरी उचाई को कई (३ - ४) जोन में बाँट दिया जाता है । दूर से सुरक्षा - रक्षक उस पर ध्यान देता है । सेंसर की सेंसिविटी को आवश्यकतानुसार प्रोग्राम किया जाता है । जैसे की घुटने के निचे अगर ज्यादा सेंसर एक्टिव है तो उस व्यक्ति को सर्च करना अति आवश्यक है क्योंकि घुटने के निचे मेटल होना कुछ खतरे की निशानी है ।

## एक्सप्लोजिव एंड नारकोटिक्स डिटेक्टर्स (Explosive & narcotics detector):-

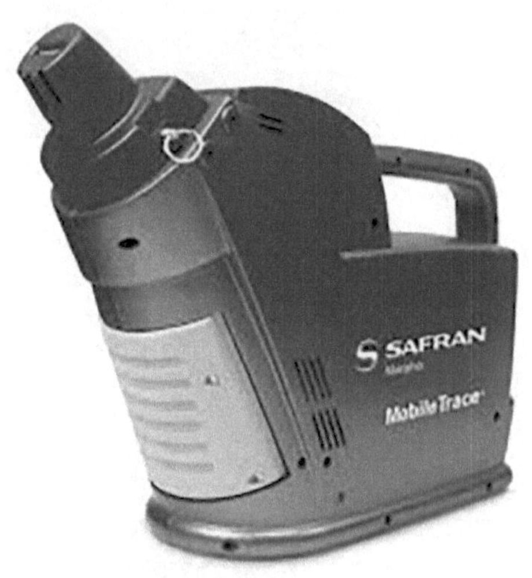

आजकल यह एक बहुत ही महँगी लेकिन महत्त्वपूर्ण उपकरण बाज़ार में उपलब्ध है । आजकल आतंकवादी घटनाओं के बढ़ते

हुए स्वरुप को देखते हुए, यह उपकरण महत्त्वपूर्ण ठिकानों के लिए बहुत ही जरुरी हो गया है । आतंकवादी घटनाओं को अंजाम देने के लिए बेरोजगार युवकों को आकर्षित कर रहे हैं । उन्हें पैसे का लालच देकर काम को अंजाम दे रहे हैं । पहले आतंकवाद एक सिद्धांत की लड़ाई थी लेकिन अब यह वर्चस्व की लड़ाई हो गई है । यही बात नक्सलवाद पर भी लागु हो रही है । मुख्य मुद्दों से अब लोग भटक गए हैं । नुकसान पहुचाने के लिए उन्हें विध्वंसक पदार्थ खरीदने और भेजने के लिए पैसों की जरूरत पड़ती है । इन दोनों को पूरा करने के लिए उन्हें कूरियर पार्सल सेवा की जरूरत पड़ती है । पार्सल से explosive और narcotics दोनों भेजते हैं । सन २००१ से पहले आतंकवादी संगठनों को बाहरी मदद बैंकों के द्वारा दान के रूप में मिल जाती थी । लेकिन अब बैंकों पर कड़ी निगरानी की वजह से अब मुश्किल हो गया है । इसलिए वे अब नारकोटिक्स व्यवसाय में उतर गए हैं । इस व्यवस्था को रोकने के लिए किसी उपकरण का होना बहुत जरुरी हो गया था ।

आवश्यकता ही अविष्कार की जननी है । हर एक पार्सल को चेक करना असम्भव है, लेकिन चेक करना भी बहुत जरुरी है । यह मानकर वैज्ञानिकों ने खोज करना शुरू किया की हर विध्वंसक पदार्थ का सूक्ष्म तत्व पदार्थ के बाहरी सतह पर हवा में घूमता है । इस तरह उन आयनों की पकड़ने की तरकीब ढूढ़ निकाली ।

# अध्याय - ७

# आतंकवाद

आतंकवाद यानी की terrorism फ्रेंच शब्द terrorisme से आया है । फ्रेंच शब्द terrorisme लैटिन भाषा के क्रिया "terreo" से आया है जिसका मतलब है " मैंने डराया" । फ्रांस की क्रांति के समय जाकोबिन्स ने पुरे समाज को भयभीत किया और वहाँ से इस शब्द का ज्यादा प्रचलन में आ गया । पहले सरकार लोगों को डराने - धमकाने के वजह को आतंकवाद कहते थे, लेकिन अब तो कुछ अवांछनीय तत्वों ने आम – निरीह जनता को डराना – धमकाना शुरू कर दिया है । सन १८६९ में सर्जेय नेचायेव ने रूस में एक "पीपलस रेटरीबुसन" नाम की सबसे पहली आतंकवादी संगठन की स्थापना की थी । आतंकवाद, एक बहुत ही समाज के लिए गंभीर समस्या बन गयी है । यह किसी के लिए आतंकवाद है तो दुसरे के लिए स्वतंत्रता । हर एक व्यक्ति, संगठन एवं राष्ट्र अपने - अपने तरीके से आतंकवाद को परिभाषित करता है, लेकिन इसका अंतिम मकसद है लोगों में दहशत फैलाना ।

## आतंकवाद के प्रकार

अमेरिका ने सन १९७५ में क्रिमिनल जस्टिस के उपर एक आयोग का गठन किया । इस आयोग का नेतृत्व H H A Cooper ने किया । इस टास्कफोर्स ने " disorder & terrorism " नाम से अपने कार्य को सरकार को सौंपा । उन्होंने आतंकवाद को निम्न छः भागों में बाटा:-

# १ - सिविल डिसऑर्डर

सामाजिक हिंसा जिससे की समाज की सुरक्षा तथा शांति भंग हो जाती है ।

# २ - पोलिटिकल टेररिज्म

राजनितिक लाभ उठने के लिए समाज में भय उत्पन्न करना

# ३ - नॉन पोलिटिकल टेररिज्म

आतंकवाद जो की राजनीतिक फायदा के लिए न होकर व्यक्तिगत लाभ के लिए किया जाय

# ४ - कासी टेररिज्म

कासी का मतलब है 'लगभग या अर्ध ' । ऐसे आतंकवादियों का मकसद हो सकता है कि बहुत हिंसक न हो, लेकिन आतंकवादियों के मनसूबे को पूरा करने में सहायता करती है । उदाहरण के लिए कुछ लोगों का अपहरण करना या बंधक बना कर दुसरे बंदी आतंकवादियों को रिहाई करने की मांग करना ।

# ५ - लिमिटेड पोलिटिकल टेररिज्म

ऐसे विचारधारा के लोग सत्ता परिवर्तन के लिए काम नहीं करते हैं । यह किसी चीज से न खुश हो कर उसका विरोध करते है, जो की हिंसक हो जाता है ।

# ६ - ऑफिसियल या स्टेट टेररिज्म

कोई सरकार, द्वसरी सरकार को अव्यवस्थित करने के लिए आतंकवादी संगठनों को समर्थन करती है, या तो खुद ही घटनाये कराती है ।

आतंकवाद, इक्कीसवीं सदी का सबसे बड़ा सिर दर्द जिसने पुरे विश्व को हिला रखा है। लोग घर से सुबह तो निकलते हैं लेकिन लौट कर वापस आयेंगे की नहीं, उसकी गारंटी नहीं है। बेगुनाह लोग हर रोज मारे जा रहे हैं। आतंकवाद को लोग अपने - अपने हिसाब से परिभाषित कर रहें। किसी के लिए ये आतंकवादी हैं तो किसी के लिए ये क्रांतिकारी हैं। पूरा विश्व दो खेमों में बट गया है। सीधे शब्दों में कहा जाय तो कोई भी असंबैधानिक हिंसक कार्य राजनैतिक उद्देश्य की पूर्ति करने के लिए सामाजिक उत्पीड़न में किया जाय, आतंकवाद कहलता है।

प्रधानमंत्री नरेन्द्र मोदी ने अपने यूनाइटेड नेशन के भाषण में इस बात पर जोर दिया था कि आज तक यू. एन., इतने सालों के बाद भी आतंकवाद को परिभाषित कर नहीं पाई।

आतंकवाद समाज के लिए कोई नयी बात नहीं है। जब से लोग समाज में संगठित होकर रहने लगे हैं और अपने वर्चस्व को बचाए रखने के लिए साम - दाम - दंड - भेद का प्रयोग करते हैं। अपनी विचार – धारा को मनवाने के लिए लोग किसी हद तक जा सकते है। भारत में आतंकवाद का विभिन्न रूप है जैसे कि धार्मिक आतंकवाद, माओवादी आतंक, ड्रग्स और नशीली दवाओं का आतंक, नकली मुद्रा एवं हथियार का आतंक। ड्रग, नशीली दवा, नकली मुद्रा और हथियार से अर्जित धन से आतंकवादी संगठन अपने लक्ष्य के प्राप्ति में उपयोग करते हैं। भारत में आतंकवाद को निम्न चार श्रेणियों में बांटा गया है।

## १ - Ethno national terrorism/जातीय - राष्ट्रीय आतंकवाद

मुख्यतः जब समाज का एक वर्ग अपनी जाति या भाषा को लेकर एक अलग राज्य या देश की मांग उठाये और हिंसा पर उतारू हो जाय, इस श्रेणी में आते हैं।। इसके बहुत उदाहरण है ; लिट्टे का श्रीलंका में, जे. के. एल. फ. का कश्मीर में।

## २ - धार्मिक आतंकवाद/Religious terrorism

धार्मिक आतंकवाद, धार्मिक भावनाओं से प्रेरित होकर की जाती है । वर्तमान समय का यह सबसे बड़ा सरदर्द है । हर साल हजारों बेगुनाह लोंगो की जान जा रही है ।

## ३ - लेफ्ट विंग टेररिज्म/Left wing terrorism

कम्युनिस्ट विचार – धारा से प्रेरित होकर सामाजिक समरसता और बराबरी का हक देने के लिए हिंसक वारदात करना । भारत में बहुत से राज्य जैसे की झारखण्ड, छतीसगढ़, आँध्रप्रदेश इससे बहुत ही प्रभावित हैं । नक्सलबारी (जिला दार्जिलिंग, पश्चिम बंगाल) गाँव से निकली यह विचार – धारा एक नक्सलवाद का रूप ले लिया है । जो अपनी मांग मनवाने के लिए क्रूरतापूर्ण कार्य करते हैं ।

## ४ - नशीली दवाओं के आतंकी/Narco terrorism

समाज के नव - जवानों की नशेड़ी बनाना । इससे अर्जित धन को विन्ध्वंस्कारी गतिविधियों में लगाना ।

भारत दो तरह के आतंकवादी संगठनों से जूझ रहा है ।

१ -  अंतरराष्ट्रीय संगठन

२ -  अंतरराजीय संगठन

पहले भारत के विकास को रोकने और अशांति का माहौल बनाने के लिए विदेशी एवं पड़ोसी देश के आतंकवादी संगठन अपने यहाँ से आतंकवादी भेजते थे । दुसरे चरण में भारत के उन्मादी लोगों को अपने यहाँ पर प्रशिक्षित करके, भारत में हिंसा फ़ैलाने के लिए भेजते थे । अब ये लोग भारत के भटके हुए युवकों को यहाँ पर ही प्रशिक्षण देना शुरू कर दिया है । उनकी सोची - समझी चाल, भारत की राजनीतिक विफलता के कारण बहुत ही अच्छी ढंग से पूरी हो गयी ।

१ -  विदेशी आतंकवादीयों का भारत में आतंक फैलाना

२ -  भारतीय उन्मादी लोगों को विदेश में प्रशिक्षित करके वापस भेज कर, आतंकवाद फैलाना

३ -  वापस आये लोगों से यहाँ पर ही आतकवाद की कक्षा चलाना

भारत में आतंकवाद और नक्सलवाद से बहुत बड़ी जन - धन की क्षति हुई है। कुछ संगठनों के नाम इस प्रकार है, जो कि भारत में हिंसा फैलाते रहते हैं।

| अंतरराष्ट्रीय | अंतरराजीय |
|---|---|
| अल - कायदा | JKLF |
| लश्कर - ए - तोइबा | तहरीक - उल - मुजाहिदीन |
| हिजबुल मुजाहददीन | स्टूडेंट इस्लामिक मूवमेंट ऑफ़ इंडिया (सिमी) |
| अल - बादर | नेशनल सोसिलिस्ट कौंसिल ऑफ़ नागालैंड |
| हरकत - उल - जेहाद - ए - इस्लामी | यूनाइटेड लिबरेशन फ्रंट ऑफ़ आसाम (उल्फा) |
| जैश – ए - मोहम्मद | तमिलनाडू लिबरेशन आर्मी |
| बब्बर खालसा इंटरनेशनल | |
| खालिस्तान जिंदाबाद फ़ोर्स | |

भारत सरकार ने लगभग ३९ संगठनों पर प्रतिबन्ध लगा रखा है। अपने विशेषाधिकार सेक्शन ३५ अनलॉफुल एक्टिविटीज (प्रिवेंशन) एक्ट १९६७ के मातहत ३०/०३/२०१५ तक निम्न संगठनों पर प्रतिबन्ध लगा है।

| संगठन | संगठन |
| --- | --- |
| १ - बब्बर खालसा इंटरनेशनल | २१ - लिबरेशन टाइगर्स ऑफ़ तमिल इल्म |
| २ - खालिस्तान कमांडो फ़ोर्स | २२ - स्टूडेंट्स इस्लामिक मूवमेंट ऑफ़ इंडिया |
| ३ - खालिस्तान जिंदाबाद फ़ोर्स | २३ - दीदार अंजुमन |
| ४ - इंटरनेशनल सिख यूथ फेडरेशन | २४ - कम्युनिस्ट पार्टी ऑफ़ इंडिया (मार्क्स - लेनिनिस्ट) |
| ५ - लशकर - ए - तोइबा | २५ - मावोस्ट कम्युनिस्ट सेण्टर |
| ६ - जश - ए - मोहम्मद | २६ - अल बादर |
| ७ - हरकत - उल - मुजाहिदीन | २७ - जमात - उल - मुजाहिदीन |
| ८ - हिज्ब - उल - मुजाहिदीन | २८ - अल - कायदा |
| ९ - अल - उमर - मुजाहिदीन | २९ - दुखतरन - ए - मिल्लत |
| १० - जम्मू & कश्मीर इस्लामिक फ्रंट | ३० - तमिलनाडू लिबरेशन आर्मी |
| ११ - यूनाइटेड लिबरेशन फ्रंट ऑफ़ असम | ३१ - तमिल नेशनल रेत्रिवल ट्रूप्स |
| १२ - नेशनल डेमोक्रेटिक फ्रंट ऑफ़ बोडोलैंड | ३२ - अखिल भारत नेपाली एकता समाज |
| १३ - पीपल्स लिबरेशन आर्मी | ३३ - यूनाइटेड नेशन (UN) के प्रतिबंधित सब संगठन |
| १४ - यूनाइटेड लिबरेशन फ्रंट | ३४ - कम्युनिस्ट पार्टी ऑफ़ इंडिया (मावोवादी) |
| १५ - पीपल्स रेवोलुसनरी पार्टी ऑफ़ कोंगलेपाक | ३५ - इंडियन मुजाहिदीन |
| १६ - कोंगलेपाक कॉमुनिस्ट पार्टी | ३६ - गारो नेशनल लिबरेशन आर्मी |
| १७ - कोंगले याओल काम्बा लूप | ३७ - कामतापुर लिबरेशन आर्गेनाईजेशन |
| १८ - मणिपुर रमुपल लिबरेशन फ्रंट | ३८ - इस्लामिक स्टेट |
| १९ - आल त्रिपुरा टाइगर फ़ोर्स | ३९ - नेशनल सोशलिस्ट कौंसिल ऑफ़ नागालैंड (खापलांग) |
| २० - नेशनल लिबरेशन फ्रंट ऑफ़ त्रिपुरा | |

तत्कालीन गृहराज्य मंत्री RPN सिंह ने लिखित बयान में लोकसभा को बताया था कि भारत में लगभग ६५ आतंकवादी संगठन हैं, जिनमे से ३४ अकेले मणिपुर में ही हैं।

वैसे तो भारत में हर रोज कुछ न कुछ आतंकवादी घटनायें घटित होती हैं, सबके बारे में लिखना संभव नहीं है। कुछ प्रमुख आतंकवादी घटनाएँ जहां पर २५ से ज्यादा जाने गई है, निम्न है:-

| दिनांक | विवरण | स्थान | मृत्यु | घायल |
| --- | --- | --- | --- | --- |
| अगस्त २, १९८४ | मिनाम्बकम बम ब्लास्ट | तमिलनाडू | ३० | २५ |
| जुलाई ७, १९८७ | पंजाब नरसंहार | पंजाब | ३६ | ६० |
| जून १५, १९९१ | पंजाब नरसंहार | पंजाब | ९० | २०० |
| मार्च १९, १९९३ | मुंबई बम ब्लास्ट | मुंबई | ३५० | ७१३ |
| दिसम्बर ३०, १९९६ | ब्रह्मपुत्र ट्रेन बम्ब ब्लास्ट | कोंकराझार, असम | ३३ | १५० |
| फेब्रुवारी १४, १९९८ | कोयम्बटूर बम्ब ब्लास्ट | तमिलनाडू | ५८ | २०० |
| अक्टूबर १, २००१ | जम्मू - कश्मीर विधानसभा | जम्मू – कश्मीर | ३१ | - - - |
| सितम्बर २४, २००२ | अक्षरधाम मंदिर | गुजरात | ३१ | - - - |
| अक्टूबर २९, २००५ | दिल्ली सीरियल ब्लास्ट | दिल्ली | ७० | - - -: |
| जुलाई ११, २००६ | मुंबई सीरियल ट्रेन ब्लास्ट | मुंबई | २०९ | ५०० |
| सितम्बर ८, २००६ | मालेगांव ब्लास्ट | महाराष्ट्र | ३७ | १२५ |
| फेब्रुअरी १८, २००७ | समझौता एक्सप्रेस ब्लास्ट | हरियाणा | ६८ | - - - |
| अगस्त २५, २००७ | हैदराबाद ब्लास्ट | हैदराबाद | ४२ | |
| मई १३, २००८ | जयपुर सीरियल ब्लास्ट | जयपुर | ६३ | २०० |
| जुलाई २६, २००८ | दिल्ली सीरियल ब्लास्ट | दिल्ली | २९ | ११० |
| सितम्बर १३, २००८ | दिल्ली सीरियल ब्लास्ट | दिल्ली | ३३ | १३० |
| अक्टूबर ३०, २००८ | असम सीरियल ब्लास्ट | गोहाटी | ८१ | ४७० |
| नवम्बर २६, २००८ | मुंबई अटैक | मुंबई | १७१ | २३९ |
| जुलाई १३, २०११ | मुंबई रेलवे ब्लास्ट | मुंबई | २६ | १३० |
| सितम्बर ७, २०११ | दिल्ली | दिल्ली | १९ | ७६ |
| फेब्रुअरी २१, २०१३ | हैदराबाद | हैदराबाद | १६ | ११९ |
| मई २५, २०१३ | दर्भा | छत्तीसगढ़ | २८ | ३२ |
| जून २४, २०१३ | श्रीनगर | जम्मू - कश्मीर | ८ | १९ |
| अक्टूबर २७, २०१३ | पटना | बिहार | ५ | ६६ |

| जुलाई ७, २०१५ | गुरदासपुर | पंजाब | १० | १५ |
|---|---|---|---|---|
| जनुअरी २, २०१६ | पठानकोट | पंजाब | ७ | |
| जून २५ २०१६ | पम्पोर | जम्मू - कश्मीर | ८ | २२ |
| अगस्त ५ २०१६ | कोकराझार | आसाम | १४ | १५ |
| सितम्बर १८, २०१६ | उरी | जम्मू - कश्मीर | २० | ८ |

# आतंकवाद की रोकथाम

वर्तमान समय में आतंकवाद एक विचार - धारा बन गयी है । किसी विचार - धारा को केवल बंदूक की नोक से नहीं रोका जा सकता है । एक विचार - धारा को दुसरे विचार - धारा से ही काटा जा सकता है । इसलिए यह जरुरी है की समाज के लोग अपना उत्तरदायित्त्व समझें और एक नयी विचार – धारा जो समाज और विश्व का सृजन कर सके, लोगों के बीच में लायें । आतंकवाद को रोकने के लिए कुछ निम्न कदम है:-

१ -  सख्त कानून

२ -  जल्दी और सही न्याय प्रणाली

३ -  लोगों में नयी चेतना का विकास

४ -  सुरक्षा के पुख्ता इंतजाम

५ -  गुप्तचर एजेन्सियों को सक्रिय रहना

आतंकवाद को रोकने के लिए जनता और सरकार के बीच सहयोग होना बहुत ही जरुरी है । एक दृढ़ इच्छा शक्ति की आवश्यकता है । सितम्बर ११, २००१ के वर्ल्ड ट्रेड सेण्टर अटैक के बाद आजतक कोई बड़ी आतंकवादी घटना अमेरिका में नही हुई । वहां की सरकार जनता के साथ मिलकर एक बड़ा ही अभियान चलाया । आक्रमण के ११ दिन के अंदर ही आतंकवाद से लड़ने के लिए एक राष्ट्रीय स्तर पर एजेंसी की मांग उठी जो की एक कानूनी मजबूत

संस्था हो । सन २००२ में, २२ अलग - अलग एजेंसियों को एक छत्र के अंदर लाया गया । जिसे वहां पर इसे डिपार्टमेंट ऑफ़ होम लैंड सिक्यूरिटी (DHS) कहते हैं । इस एजेंसी को अमेरिका में बहुत ही कानूनी अधिकार मिला हुआ है । फ़ेडरल ब्यूरो ऑफ़ इन्वेस्टीगेशन (FBI) और DHS मिलकर लोगों के बीच में काम करती है और समय - समय पर लोगों में जागरूकता लाने के लिए ट्रेनिंग प्रोग्राम चलाती है । ट्रेनिंग का मुख्य भाग निम्न है, जिस पर एजेंसियां फोकस करती हैं:-

१ - निगरानी (सर्विलांस) - हमेशा चोकन्ना रहें और देखे की कोई आपकी या आपके आस - पास की रेकी तो नहीं कर रहा है । जैसे की संदिग्ध फोट या विडियो निकालना, दूरबीन या दूर से निगरानी रखना इत्यादि ।

२ - संदेहास्पद प्रश्न – किसी अपरिचित से संवाद करते हुए सतर्क हो कर उसके प्रश्नों का उत्तर दें । यह ख्याल रखे की, आपके जवाब से वह व्यक्ति कुछ मतलब निकालने की कोशिश तो नहीं कर रहा है ।

३ - सुरक्षा में भेंद लगाना:- सुरक्षा की जिम्मेदारी हर नागरिक की है । केवल यह काम सुरक्षाकर्मियों का नहीं है । सतर्क रहे, कोई आपके सुरक्षा कवच में सेंध तो नहीं लगा रहा है ।

४ - संदेहास्पद आपूर्ति:- मेल या डिलीवरी लेते हुए, सतर्क रहें । कहीं कोई विस्फोटक या जैविक पदार्थ न भेजा हो । लेने के बाद रिमोट से विस्फोट कर दे या पार्सल खोलने के बाद जैविक पदार्थ पुरे परिसर में फैलकर जान लेवा बन जाये ।

५ - संदेहास्पद व्यक्ति:- बिना रेकी किये हुए, ये अपराधी तत्व कभी भी आक्रमण नहीं करते हैं । अगर उन्हें पहले ही रोक दिया जाय तो बहुत बड़ी सफलता मिल जाती है ।

सतर्क रहें, चोकन्ने रहें और सुरक्षित रहें। दुष्टों को दुसरे को दुखी देखकर बहुत आनंद आता है।

खलन्ह हृदय अति ताप विसेषी।

जरही सदा पर सम्पति देखी॥

जह कहूँ निंदा सुनहि पराई।

हरषही मनहु परी निधि पाई॥

## बचने की तैयारी और उसका महत्त्व:-

अगर हम आतंकवाद के बढ़ते क्रम को देंखे तो अटैक करने के ढंग में क्रमशः बदलाव आते गया है।

१ - पहले आतंकवादी संगठन विस्फोटक लगाकर टाइमर या रिमोट से विध्वंस करते थे

२ - बाद में वे सामने आकर अटैक करके भाग जाते थे

३ - वर्तमान में उनके आत्मघाती आकर आक्रमण करने लगे हैं। अगर कोई मरने पर ही उतारू हो गया हो तो उसे कैसे रोका जाय। इसलिए किसी भी आकस्मिक अटैक को रोकने और उसके बाद स्थित को संभालने के लिए एक पक्की योजना बनाना चाहिए। योजना बनाते समय निम्न तीन बातों को ध्यान में अवश्य रखना चाहिए।

अ - इस योजना का महत्त्व क्या है? क्या हम इस योजना से प्राप्त करना चाहते हैं? अगर किसी भी तरह की आतंकवादी घटना जैसे की बम विस्फोट, जैविक या रासायनिक आक्रमण या अन्य कोई आतंकी हमला हो, तो यह योजना परिवार और समाज को सुरक्षित रखे। योजना बनाते वक्त इन सब बातों का ध्यान रखना चाहिए।

ब - विपत्ति के समय लोग कैसे धैर्य बनाकर रखें जिससे राहत कार्य में राहत एजेंसियों, पुलिस, फायर ब्रिगेड, मेडिकल,

अन्य राहत दल ...इत्यादि को कार्य करने में सहूलियत हो ।

स - घटना घटित हो जाने के बाद लोग कैसे अपने आप को इस विषम परिस्थति से उबारें ।

यानि की मोटे तौर पर कहा जाय तो आतंकवादी रोक - थाम योजना में घटना घटित न हो, होने पर और हो जाने के बाद की हर स्थितयों का सामना करने के लिए हल ढूढना चाहिए । पिछली आतंकवादी घटनाओं में यह निम्न लिखित चीज देखा गया है जिससे की पूरा जीवन प्रभावित हो जाता है ।

➢ विस्फोट होने के बाद इमारतों का ध्वस्त हो जाना

➢ लोगों में अफरा - तफरी मचना

➢ बहुत से लोगों की मृत्यु और ज्यादा घायल हो जाना

➢ अफरा - तफरी के कारण मेडिकल दस्ता का घायलों की देखभाल करने में और अस्पताल भेजने में असुविधा आना

➢ कानून – व्यवस्था का लचर हो जाना

➢ मीडिया का TRP बढाने के लिए समाचार को और सनसनी बना देना

➢ कानून – व्यवस्था को बनाने के लिए सरकार का आपात काल घोषित कर देना

➢ प्रभावित लोगों को सुरक्षित जगह पर विस्थापित करना

आपातकालीन योजना को समय - समय पर जांचना चाहिए । केवल बनाकर डेस्क में रखने से कोई फायदा नहीं ।

# आतंकवादी घटनाओं की सम्भावना

➢ बम विस्फोट

➢ जैविक या रासायनिक हमला

➢ एक्टिव शूटर

➢ महामारी फैलाना

➢ रेडियोलॉजिकल हमला

➢ नुक्लेअर हमला

➢ आत्मघाती या फिदायीन हमला

➢ साइबर अटैक

यहाँ पर अभी हम साइबर अटैक के बारे में नहीं लिख रहे हैं। साइबर अटैक आतंकवाद का एक नया हथियार बन गया है। इसको अलग से समझने की आवश्यकता है।

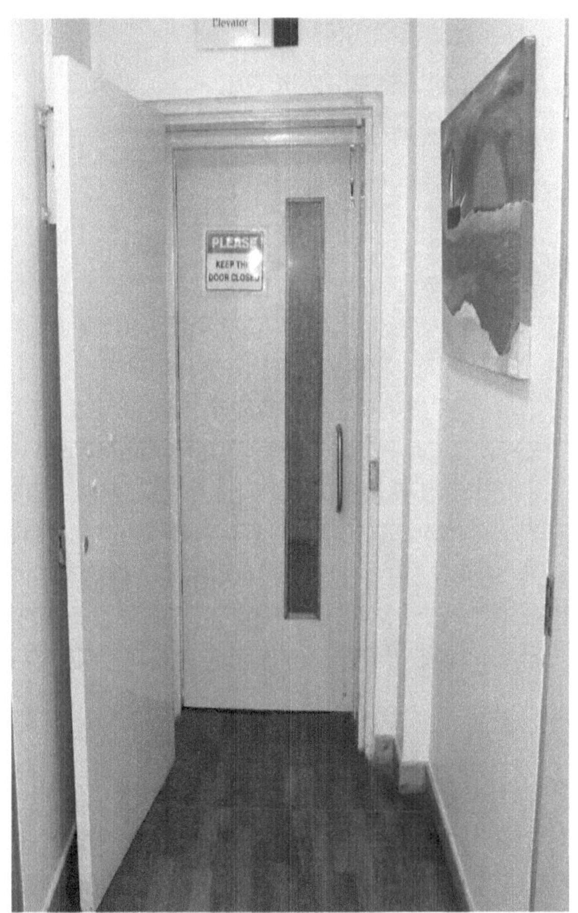


जैसे - जैसे विकास होगा, विनाशकारी शक्तियां सक्रिय होती रहेंगी । समय - समय पर बनाये हुए पालिसी और प्रोसीजर को रिव्यु करते रहना चाहिए । पालिसी और प्रोसीजर बनाते वक्त "५डी" सिद्धांत हमेशा ध्यान में रखना चाहिए । अगर पहले से ही सुरक्षा का पुख्ता इंतजाम हो तो आतंकवादी घटना को रोका जा सकता है । ये "५ डी" निम्न है:-

१ -  Deter/रोकना

२ - Detect/पता लगाना

३ - Deny/वंचित रखना/नकारना

४ - Delay/विलम्ब, देरी करना

५ - Defend/रक्षा करना

## Deter

मुख्य इमारत की सुरक्षा में बनाये गए पहली दिवार को मजबूत रखना । अगर पहला स्टेप मजबूत है तो अपराधी तत्त्व नजदीक आने से डरेंगे । इसको मजबूत करने के लिए दिवार को मजबूत बनाये, उसके उपर कांटेदार तार लगायें, इलेक्ट्रिकल फेंसिंग बनायें, सीसीटीवी कैमेरा लगायें, सिक्यूरिटी वाचटावर पोस्ट बनाये । जिससे की अपराधी तत्त्व देखते ही समझे की यहाँ पर हमारी दाल नहीं गलने वाली है । मोटे अच्छरों में लिखें की इमारत सीसीटीवी के कवरेज में है । कुत्तों से सावधान रहें ...इत्यादि । इन सब चीजों से सिक्यूरिटी का अपराधी तत्त्वों पर कुछ मानसिक दबाव बनता है ।

## Detect

ऐसे चीजों की व्यवस्था करना जिससे कोई भी अवांछित चीज दिखाई दे जाय, जो कि रोज - मर्रा से संबधित न हो । कोई भी आतंकवादी घटना एक दिन में नहीं घटती है । उसका पहले कई बार रेकी किया जाता है । रेकी के दौरान अगर रोक - टोक हो जाय तो बिना लड़े ही बहुत बड़ी सफलता मिल जाती है । इसके लिए यह बहुत जरुरी है की सुरक्षा - रक्षक एवं कंट्रोल रूम में कैमरे की निगरानी करने वाले लोग हमेशा सतर्क और सचेत रहें ।

## Delay

घुसपैठियों को इमारत में पहुचने में देरी हो, ऐसे तंत्रों एवं बाधाओं को तैयार करना चाहिए । जितना देरी होगी सिक्यूरिटी और बाकी

लोगों को उपयोगी एक्शन लेने में सहूलियत हो जाएगी। इसके लिए एक्सेस कंट्रोल सिस्टम, टर्न स्टाइल गेट, बोल्लार्ड इत्यादी उपकरण बहुत सहायक होते हैं।

## Deny

अनाधिकृत व्यक्ति या समान का इमारत में प्रवेश न देना। बिना जाँच – पड़ताल के किसी भी चीज को अन्दर न जाने देना।

## Defend

किसी भी सिक्यूरिटी प्लानिंग का यह एक अंतिम चरण है। जब भी अनाधिकृत व्यक्ति या समान अंदर आ ही गया तो उस पर नियंत्रण करने के लिए त्वरित कार्यवाई कैसे किया जाय, उसका पुरा प्लान करना चाहिए।

# बम विस्फोट

बम विस्फोट आतंकवादियों का प्रमुख हथियार है। बम, विस्फोटक पदार्थ का बना हुआ एक घातक हथियार है जो की ज्वलनशील एक्सोथेर्मिक रासायनिक रिएक्शन करने के पश्चात अचानक विध्वंसक उर्जा पैदा करती है। यह उर्जा ताप, रौशनी और आवाज के साथ बाहर आती है।

ग्यारहवी सदी में चीन के जीन वंश की फ़ौज ने सौंग कुल शासित राज्यपर बम का प्रयोग किया था। इस फ़ौज ने मंगोलियन शासकों से युद्ध के समय भी बम का प्रहार किया था। ऐसा इतिहासकारों ने वर्णन किया है। वे लोग लोहे के पाइपों में गनपाउडर/बारूद के साथ नुकीले किल या छर्रे भर देते थे। उसमे से एक मोटी रस्सी डालकर उसका एक किनारा बाहर रखते थे। युद्ध के समय जरूरत पड़ने पर रस्सी में आग लगाकर दुश्मनों के तरफ फेंक देते थे। बारूद ज्वलनशील होने के वजह से जोर की आवाज के साथ फटता था और नुकीले किल दूर - दूर तक उड़ कर धस जाते थे।

बम को अलग - अलग रूप से प्रयोग किया जाता है । जैसे कि अगर एयर फ़ोर्स हवाईजहाज से गिराए तो इसे एरियल बम, नेवी प्रयोग करे तो तारपीडो, आर्मी फेके ग्रेनेड और आतंकवादी इसे बहुधा आ इ डी (improvised explosives devices) के रूप में करते हैं । यह विध्वंसक उपयोग में लाने पर जोरदार धमाके के साथ - साथ बहुत उर्जा निकलती है जिससे दूर - दूर तक की चीजें विखंडित हो जाती हैं और बहुत से लोग सदमे में हो जाते हैं । अन्दरुनी घाव भी हो जाता है जो बाहर से नहीं दिखता है । यह विन्ध्वन्स्क बहुत से रूप में मिलते हैं । जिनमे से कुछ निम्न हैं ।

| | |
|---|---|
| पटाखे | टी एन टी |
| बंकर बूस्टर | कार बम |
| सी ४ | पेट्रोल बम |
| डस्टर बम | पाइप बम |
| स्मोक बम | लैंड माइन |
| सुसाइड बम | प्रेशर कुकर बम |
| सूटकेस बम | एटॉमिक बम |
| नुक्लेअर बम | हाइड्रोजन बम इत्यादि |

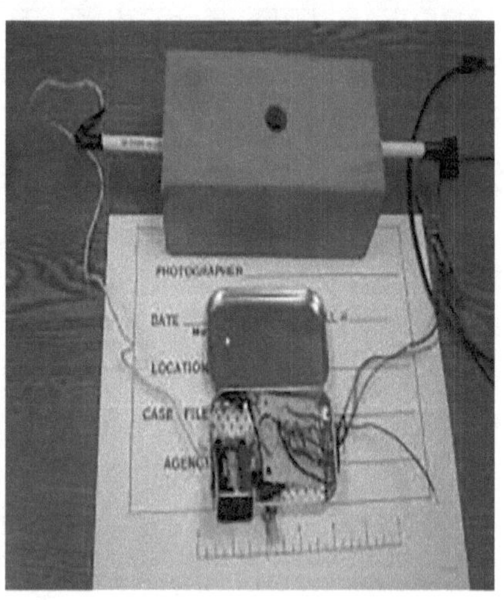

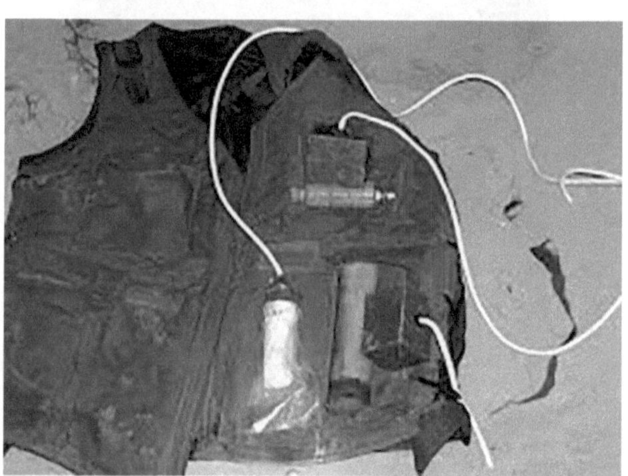

# अध्याय ८

# परिचय - पत्र, गेट पास और रिपोर्ट राइटिंग

परिचय पत्र व्यक्ति का पहचान पत्र होता है, जिससे से उसकी प्रमाणिकता और वास्तविकता सिद्ध होती है । कुछ साल पहले तक यह एक सादे कार्ड पेपर पर बनता था। लेकिन आधुनिक युग में यह एक प्लास्टिक कार्ड का रूप ले लिया। जैसे - जैसे खतरे बढ़ते गए, उसी हिसाब से सुरक्षा का स्तर बढ़ता गया ।आज कल व्यक्ति को एक सीमा तक ही प्रवेश करने की इजाजत है । बड़ी इमारतों में अलग - अलग जगहों पर जाने के लिए अनुमति की आवश्यकता होती है । अनुमति के अनुरूप व्यक्ति को एक्सेस दिया जाता है। ए प्लास्टिक कार्ड बहुत से नयी - नयी तकनीक से सजे होते हैं। जैसे की मैग्नेटिक स्ट्रिप्स, प्रोक्सिमिटी, बार कोड, स्मार्ट कार्ड इत्यादी । अभी भी बहुत सा रिसर्च चल रहा है । जिससे की अवांछनीय व्यक्ति अन्दर आ जा ना सके।

अमेरिका में हर नागरिक के पास सोशल सर्विस नंबर होता है । जिससे की वहाँ पर किसी भी व्यक्ति के बारे में शासकीय अधिकारी पता लगा सकते हैं । यह नंबर हर जगहआवश्यक है । भारत में भी पैन कार्ड को सभी अकाउंट से जोड़ दिया गया है । अब आधार कार्ड आ गया है । इस आधार कार्ड को हर जगह से जोड़ दिया जायेगा । जिससे की व्यक्ति के बारे में जानकारी प्राप्त

की जा सके । एक परिचय पत्र बनाते वक्त एक फॉर्म के अन्दर उस व्यक्ति की ज्यादा से ज्यादा जानकारी लेना चाहिए । जैसे की उसका नाम, पिता का नाम, स्थाई और अस्थाई पता, परिवार के अन्य सदस्यों का व्योरा, ब्लड ग्रुप, अंगूठा निशानी, उसका फोटो इत्यादि । ये सब व्यौरा परिचय पत्र पर नहीं रहेगा । लेकिन जरूरत पड़ने पर उसे पाया जा सकता है ।

आज भी बहुत से आर्गेनाईजेशन इसकी महत्ता को ज्यादा बल नहीं देती है । कुछ आर्गेनाईजेशन जो इसके उपर ध्यान देती है तो उसके कुछ स्टाफ मुख्यतः वरिष्ठ लोग सहयोग नहीं करते हैं । उन्हें लगता है की सब लोग तो उन्हें जानते हैं तो क्यों आई डी कार्ड पहने । उन्हें समझना चाहिए की एक तो उन्हें दुसरे के लिए उदाहरण स्थापित करना चाहिए और दूसरा वरिष्ठ होने के वजह से आर्गेनाईजेशन में कोई गलत आवागमन न हो । उसमे उनकी उतनी ही जिम्मेदारी है जितने की किसी सुरक्षा कर्मी का । इस कम्पटीशन वर्ल्ड में सही आवागमन बहुत ही आवश्यक है । थोड़ी सी चुक बहुत बड़ा नुकसान कर देगी । स्टाफ में एक उन्माद पैदा करना चाहिए की परिचय पत्र प्रदर्शित करना उस आर्गेनाईजेशन की ब्रांडिंग होती है । जिससे लोगों में एक अच्छी छवि तैयार हो । केवल सिक्यूरिटी की सोच से बात नहीं बन सकती है ।

परिचय पत्र के लाभ:

आधुनिक परिचय पत्र से बहुत ही फायदा मिलता है । उसके कुछ लाभ निम्न है –

१ - नौकरी सत्यापन:- यह कार्ड उस व्यक्ति का आर्गेनाईजेशन से संबंध स्थापित करता है ।

२ - सुरक्षा उद्देश्य:- इससे सुरक्षा कर्मियों को पहचान करने की दुविधा नहीं आती है । दूर से ही उन्हें अपने और पराये की विवेचना करने का समय मिल जाता है ।

३ - एक्सेस कंट्रोल - वैध कार्ड को ही अनुमति मिलेगी, दुसरे लोग वैसे ही छट जायेंगे ।

४ - अपनत्व:- यह एक कार्ड मात्र ही नहीं है । इससे कार्मिक और आर्गेनाईजेशन के संबंधों में आत्मीयता बढती है । कार्ड होल्डर और विना कार्ड होल्डर कर्मचारियों के वफादारी में फर्क पाया जाता है ।

५ - आवागमन नोदनिकरण:- इस प्रक्रम से लोगों के आवागमन को रिकॉर्ड आसानी से मिल जाता है । कार्मिक विभाग के रोजनामचा बनाने में सहयोग मिलता है । आपातकाल में लोगों की उपस्थिति को प्राप्त किया जा सकता है ।

६ - छुट/डिस्काउंट:- विक्रेता अपने प्रोडक्ट को ज्यादा लोगों तक पहुचाने के लिए आर्गेनाईजेशनो से समझौता करते है की उनके स्टाफ को स्पेशल डिस्काउंट मिलेगा । स्टाफ को उसका फायदा उठाने के लिए परिचय पत्र दिखाना आवश्यक होता है ।

७ - आपातकालीन परिस्थित:- आपात काल या दुर्घटनाग्रस्त होने पर यह परिचय पत्र बहुत ही काम आता है । प्राथमिक उपचार और संबंधियों को बताने में इसका प्रयोग होता है ।

## गेटपास

गेटपास मैटेरियल्स आवागमन पर नियंत्रण रखने के लिए एक बहुत ही आवश्यक दस्तावेज है । जिस तरह से लोगों के आवागमन पर कंट्रोल आवश्यक है, उसी तरह से मैटेरियल्स के आवागमन पर भी नियंत्रण रखना बहुत आवश्यक है । गेट पास मुख्यतः दो तरह के होते हैं ।

१ - आवक/Inward गेट पास - मैटेरियल्स जब किसी दुसरे स्थान से अंदर आये

२ - जावक/Outward गेट पास - मैटेरियल्स जब अपने संस्थान से बाहर जाए

ए दोनों आवक - जावक दो तरह के होतें हैं –

अ - प्रत्यावर्तनीय/Returnable - मैटेरियल्स वापस आएगा

ब - अप्रत्यावार्तनीय/Non returnable - मैटेरियल्स वापस नहीं आएगा

## घटना को लिखना (incident report writting)

कम्युनिकेशन स्किल (मौखिक & लिखित), सिक्यूरिटी डिपार्टमेंट की एक बड़ी कमजोरी है । अपने आपको और घटनाओं को सही से लोगों तक नहीं पंहुचा पाते हैं । घटनाओं को सही ढंग से लिपिवद्ध करना चाहिए । इस क्षेत्र में उनको जरा ज्यादा ध्यान देना चाहिए । घटनाओं को बराबर लाग - बुक में लिखना चाहिए।अगर कुछ घटनाएँ जैसे कि चोरी या आग की घटना इत्यादि का पहले से ही फॉर्मेट बनाकर रखना चाहिए । घटना घटित होने पर उसमे सब विवरण लिखकर आवश्यकतानुसार उस पर कार्यवाही करना चाहिए । रिपोर्ट तैयार करते हुए बहुत कठिन शब्दों के चयन करने के बदले साधारण और सरल भाषा में लिखें । सिक्यूरिटी रिपोर्ट पर ही सब दारोमदार होता है । जरूरत पड़ने पर इसे दुसरे भी पढेंगे जैसे की संस्था के वरिष्ठ अधिकारी, पुलिस, वकील, न्यायालय इत्यादि । रिपोर्ट लिखते वक्त निम्न पांच चीजों को जरुर ध्यान में रखना चाहिए ।

१ -  भाषा का चयन – बहुत सरल और सही भाषा का प्रयोग करें जिससे साधारण लोगों के भी समझ में आ जाय ।

२ -  पांच W/क को याद करें -

Who/कौन:- ज्यादा से ज्यादा सुचना एकत्रित करें की कौन - कौन लोग इस घटना से सम्बंधित हैं और उसको लिपिवद्ध करें।

What/क्या:- क्या हुआ है? घटना का विस्तृत रूप से नोट करें।

When/कब:- ए घटना कब घटित हुई है? ऐसी घटनाएँ और भी कभी घटित हुई है क्या? सब का पूरा विवरण लिखें।

Where/कहाँ:- घटना कहाँ घटित हुई? उस एरिया का पूरा विवरण लिखें।

Why/क्यूँ:- आप उस पर जरा ध्यान दें कि ए घटना को क्यूँ अंजाम दिया गया है?

कौन, क्या, कब, कहाँ और क्यूँ इन पाँचों को अपने रिपोर्ट राइटिंग में प्रयोग करें। इससे आपके रिपोर्ट को बहुत मजबूती मिलेगी।

३ - वास्तविकता का वर्णन:- वास्तविकता का ही वर्णन करें। उस रिपोर्ट में अपने तरफ से कुछ न डालें। अगर आप इन्वेस्टीगेशन अधिकारी हैं और फाइनल रिपोर्ट बनाना है तो रिपोर्ट के अंत में वास्तविकता के आधार पर ही अपनी सलाह दें।

४ - प्रूफ इकट्ठा करना:- अगर हो सके तो घटना का फोटो लें या विडियो बनायें। यह आपके रिपोर्ट को एक मजबूती देता है।

५ - पेशेवर व्यवहार:- रिपोर्ट लिखते वक्त कभी भी खुद ही जज न बन जाए। हमेशा सही सम्मानजनक शब्दों का प्रयोग करें, जैसे कि श्री, मिस्टर या मिस। कभी भी गलत या अव्यावहारिक शब्दों का प्रयोग न करें।

# अध्याय ९

# सेल्फ - डिफेन्स

सेल्फ - डिफेंस के बारें में बात करते ही लोग इसे मार्शल आर्ट्स समझने लगते है। दोनों में तो कुछ समानताएं हैं, लेकिन इसे सिखने के लिए मार्शल आर्ट्स जैसे कडक साधना की जरूरत नहीं है। हर एक व्यक्ति को अपनी सुरक्षा का संवैधानिक अधिकार है।

भारतीय दंड संहिता की धारा (IPC) - ९६ से १०६ में व्यक्ति के सेल्फ डिफेन्स के अधिकार के बारें में विस्तृत रूप से लिखा गया है।

सुरक्षा डिपार्टमेंट को चाहिए की अपनी टीम को तो प्रशिक्षित करें ही, साथ - साथ अपने आर्गेनाईजेशन के दुसरे स्टाफ को भी सिखाएं। महिलाओं को तो सिखाना बहुत ही आवश्यक है। लोगों में यह धारणा है की सुरक्षा की जिम्मेदारी, सुरक्षा रक्षकों और पुलिसकर्मीयों का है। वह क्यूँ अनावश्यक परेशान हो। लोग अपनी बेसिक सुरक्षा का भी ख्याल नहीं करते हैं। अगर जब भी कोई व्यक्ति आक्रमण करता है, तो उसकी एक ही भाषा होती है, वो है हिंसा। उसे प्यार या अहिंसक रास्ते से नहीं रोका जा सकता है। जब कोई आक्रमण करता है तो लोगों को मानसिक स्थित निम्न होती है।

१. Fridge/स्थिर:- जब किसी पर कोई आक्रमण होता है तो लोग स्थिर हो जाते है।उनका दिमाग कुछ समय के लिए बंद हो जाता है। जिसके कारण वे प्रतिरोध नहीं कर पाते हैं। यह स्थित बहुत ही भयावह है। इस परिस्थिति में आक्रमणकारी भारी पड़ जाता है।

२. Fight/प्रतिरोध:- आक्रमण का भरपूर ढंग से उत्तर देना। यह उस समय ही संभव है जब आप सजग और सचेत रहेंगे। आक्रमण होने पर उसका जबरदस्त विरोध से आक्रमणकारी हैरान में पड जाता है। कभी यह अच्छा है तो कभी इसका परिणाम भयावह भी होता है। हमेशा आक्रमणकारी को सबक सिखाने से ज्यादा अपनी जान बचाने के बारे में सोचना चाहिए। मार्मिक जगहों पर जोरदार प्रहार करके आक्रमणकारी को परेशान करके भाग निकलना चाहिए।

३. Flight/फरार होना:- हमेशा इस बात का ध्यान रखना चाहिए कि ज्यादा से ज्यादा द्वन्द की सम्भावना ही न बने। अगर कोई उम्मीद नहीं बची हो तो उसमे से जल्दी से बाहर निकलने की कोशिश करें।

फाइटऔर फ्लाइट, दोनों ठीक है, लेकिन कभी भी फ्रिज न हो। इस बात का हमेशा ख्याल रखें।

सेल्फ डिफेंस का मूलभूत तीन निम्न नियम है।

# १ - दृष्टी

अगर आक्रमणकारी की आँख या दृष्टी को बंद कर दें, तो वो देख नहीं पायेगा। उसकी आक्रमण की शक्ति खत्म हो जाएगी। अगर आप पर कभी भी कोई आक्रमण होता है तो उसकी आँख पर जो भी चीज आपके पास उपलब्ध हो, उससे प्रहार कर दें। वो देख नहीं पायेगा तो आक्रमण नहीं कर पायेगा।

## 2 - श्वसन

अगर किसी तरह आक्रमणकारी की सांस बंद कर दें तो वह आघात नहीं कर पायेगा। अगर आप किसी तरह से उसकी साँस को बंद कर पाए तो जरुर करें और वहाँ से निकल भागे। कभी भी अकेले रहने पर उसके पाठ पढ़ाने के बदले अपनी जान बचाना उत्तम है।

# ३ - खड़ा रहना

अगर आक्रमणकारी खड़ा नहीं रह पायेगा तो प्रहार नहीं कर पायेगा। उसके संतुलन को किसी भी तरह से बिगाड़ दें। प्रतिरोध की अवस्था में इस बात का ख्याल रखें की कैसे इसको निचे गिरा दिया जाय। किसी भी तरह से उसके नाजुक अंगों पर प्रहार कर दें। नाजुक अंगो पर किया हुआ वार बहुत ही प्रभावशाली होता है। थोड़ी सी चोट से ही वह परेशान होकर गिर पड़ेगा।

हमेशा आक्रमण की स्थित में अपना मानसिक संतुलन बनाये रखें और उपर की तीनों में से कौन सी चीज को आसानी से किया जा सकता है, उसको करें और वहाँ से निकल पड़ें।

## सेल्फ डिफेंस के कुछ तरीके

सेल्फ डिफेंस का नाम आते ही लोग उसे मार्शल आर्ट्स से तुलना करने लगते हैं। लोग सोचते हैं की उसके लिए अपने आपको बहुत तपाना पड़ेगा। इतनी मेहनत कौन करे। लोगों की सुरक्षा की जिम्मेदारी तो पुलिस और सुरक्षाकर्मियों की है। उनको ये सब जानना जरुरी है। लेकिन ये धारणा गलत है। अपनी सुरक्षा की जिम्मेदारी खुद की है। दुसरे लोग तो बाद में आयेंगे। सेल्फ डिफेंस के लिए बस केवल दो चीजों की आवश्यकता है।

## १ - Confidence/आत्मविश्वास

आकस्मिक आक्रमण होने पर लोग डर जाते हैं। जिससे उनके सोचने की शक्ति बंद हो जाती है। इसलिए अपने आत्मविश्वास को बनाये रखें। किसी भी हालत में अपने आपको पराजित न समझे।

## २ - Common sense/व्यावहारिक बुद्धि

यह बहुत ही जरुरी है कि मुसीबत के समय आप ब्रूसली या रजनीकांत न बने।उस परिस्थित का मूल्यांकन करें और अपने

कॉमनसेंस का उपयोग करें । लेकिन यह ख्याल रहे की आपका कॉमनसेंस बहुत ही कॉमन ना हो ।

धीरजु धरिअ त पाईय पारु ।

नाहीं त बूडिही सबु परिवारु ॥

बहुत से सेल्फ डिफेंस की टेकनीक को लिखकर समझाना थोड़ा कठिन है । कुछ जरुरी टेकनीक्स को हम समझने की कोशिश करेंगें । आप जरा अपने साथ रखे हुए हथियारों के बारे में समझ लें । आपके पास पांच मुख्य हथियार (दो हाथ, दो पैर और एक सिर) और चार उप मुख्य हथियार (दोनों हाथ की कुहनियाँ और दोनों पैर के घुटने) है । जिससे आप अपनी सुरक्षा कर सकते हैं । इसके अलावा आपके पास कुछ भी उपलब्ध हो उसका अपने बचाव में प्रयोग करें । जैसे की पेन, की – चेन, पेंसिल, ताचनी, हेयर पिन इत्यादि । आपका आक्रमण पूरी शक्ति के साथ एक ही झटके में पूरा होना चाहिए । इसे जापानीज में इक्केन या इचिगेकी हिस्सात्सू कहते हैं । इसका मतलब है की एक आक्रमण में काम तमाम ।

## १ - प्रहार

आपका बांया हाथ आक्रमणकारी ने अपने दायें हाथ से पकड़ा हो

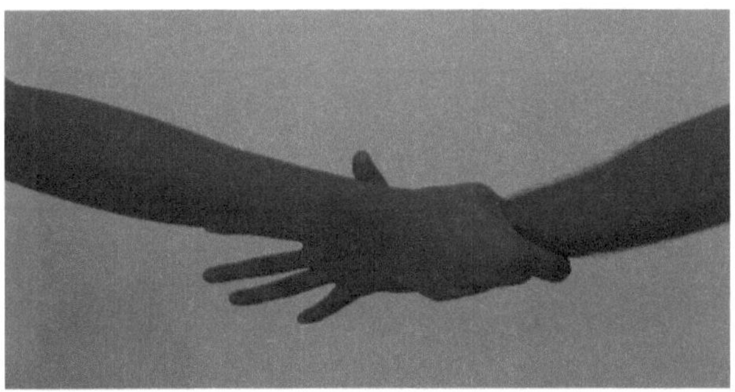

## बचाव

अपने हाथ को अंदर की तरफ मोड़ें और दांये हाथ से उसके हाथ के अंगूठे को नीचे से पकडकर घुमा दें। थोड़ी से ही ताकत लगाने पर वह गिर जायेगा। जोरदार प्रहार उसके शरीर पर करें और भाग निकलें।

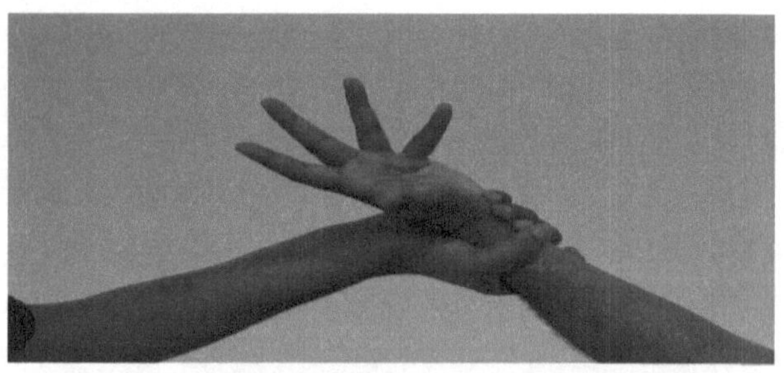

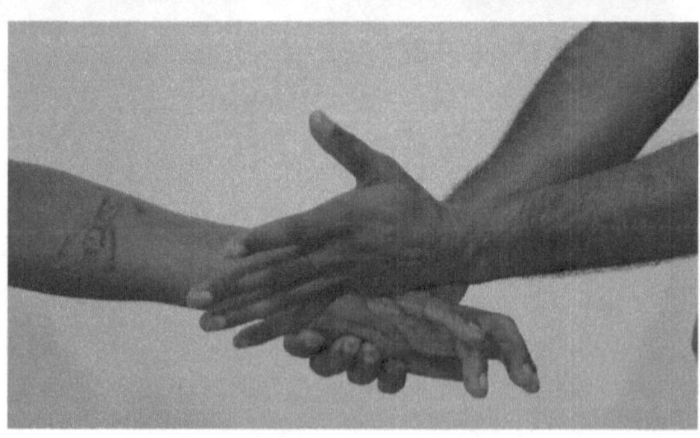

## २ - प्रहार

अगर आपके दायें हाथ को दायें हाथ से पकड़ा हो

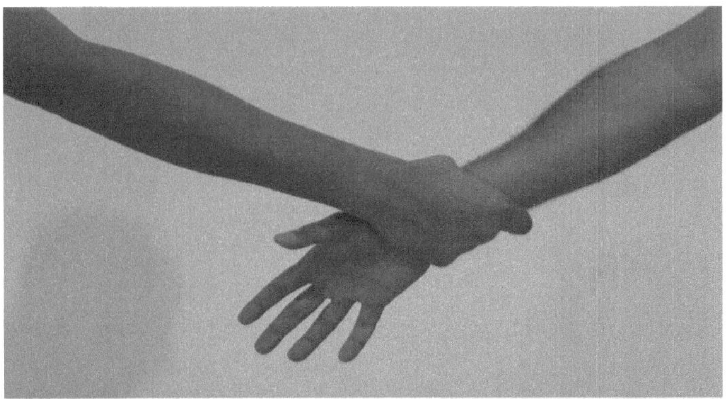

## बचाव

अपने बाएं हाथ से उसके पकड़ के उपर से अपनी कलाई को जोर से पकड़े । इसके बाद सांप की तरह अपना दाहिना हाथ की उँगलियों से उसकी कलाई पकड़ कर जोर से नीचे दबाएँ । अगर जोर से झटका दिया जाय तो उसकी कलाई टूट जाएगी और असहनीय पीड़ा होगी ।

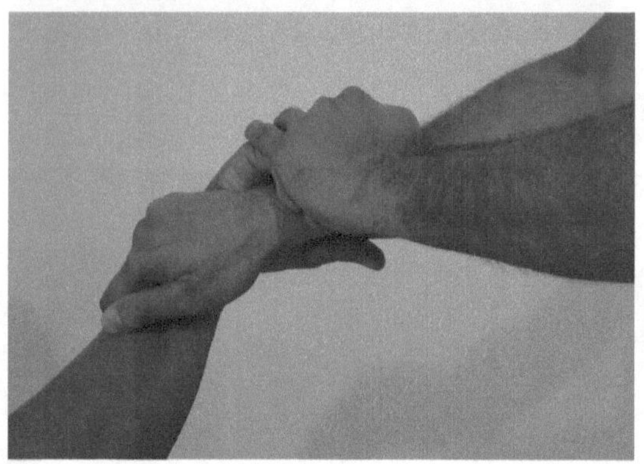

## ३ - प्रहार

अगर आक्रमणकारी दोनों हाथ से आपका एक हाथ पकड़ ले

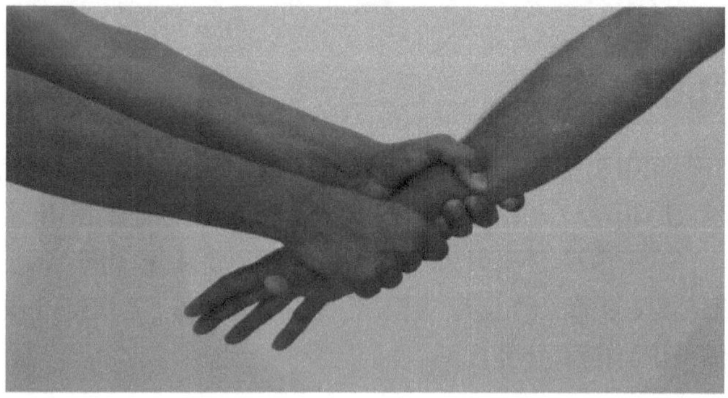

## बचाव

इसमें आपके लिए बहुत ही अवसर है, क्यूंकि उसके दोनों हाथ आप पर उलझे हुए हैं । अपने फंसे हुए हाथ को उसके दोनों हाथों के बीच से झटके से उपर उठायें और साथ – साथ दुसरे हाथ से उसकी आंख में ऊँगली डाल दे । पैर से एक किक उसके गुप्तांग में जमा कर चल दें ।

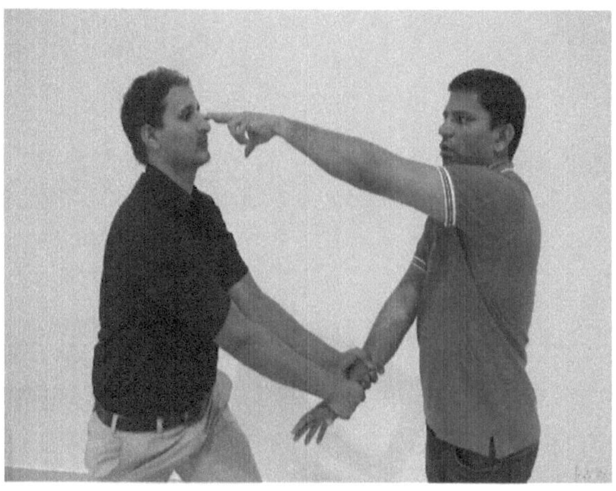

## ४ - प्रहार

आपके दोनों हाथ, आक्रमणकारी अपने दोनों हाथों से पकड़ ले

## बचाव

यह बराबरी का मौका है। आपके दोनों हाथ और उसके दोनों हाथ आपस में उलझे हैं। लेकिन आपके पैर खुले हैं। जोर से घुटने या पैर से गुप्तांग पर या सिर से मुँह पर जोरदार प्रहार करें।

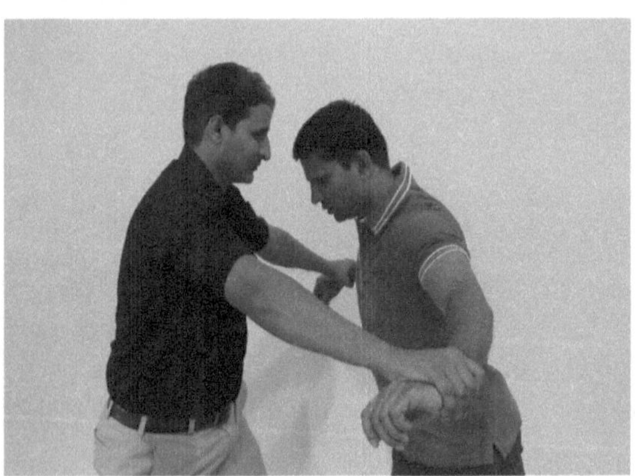

## ५ - प्रहार

आक्रमणकारी अपने दोनों हाथों से गर्दन पकड़ने की कोशिश करे

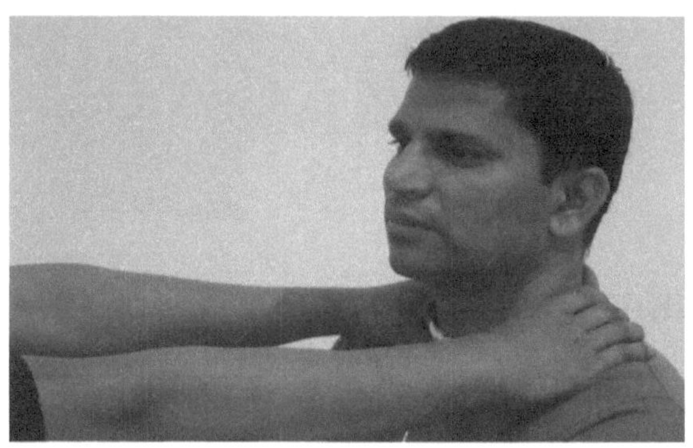

## बचाव

एक कदम पीछे होते हुए अपने दोनों हाथ उपर उठायें । लेकिन ध्यान रहे की आपका दोनों हाथ उसके दोनों हाथो के पकड़ के बीच से उठे । इसके कारण उसके हाथ आपके गर्दन तक नहीं पहुंचेगी । अपने दोनों हाथों से जोरदार उसके दोनों कान के नीचे थप्पड़ मारें । इस प्रहार को वो बर्दस्त नहीं कर पायेगा और गिर जायेगा ।

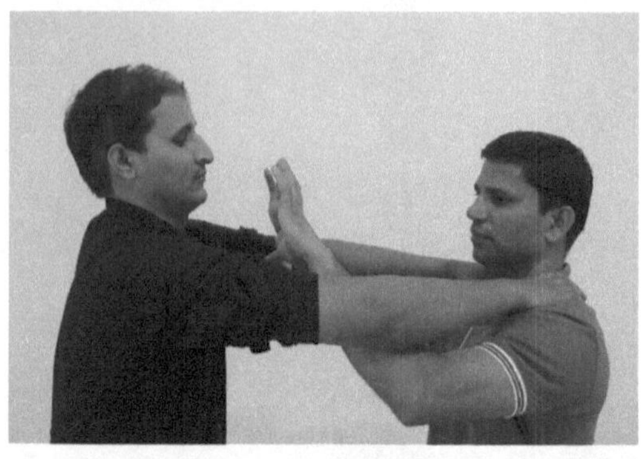

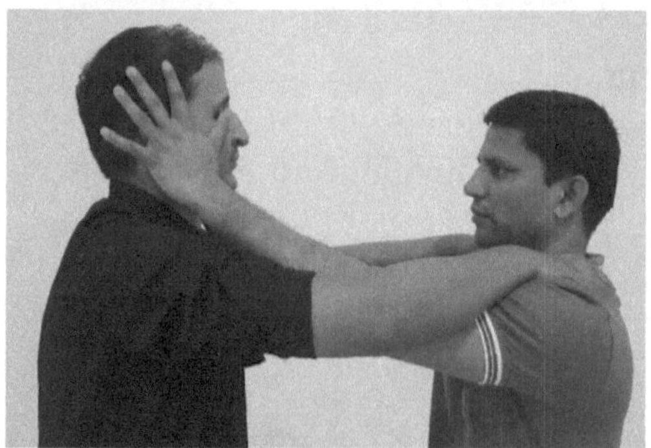

## ६ - प्रहार

अगर पीछे से दोनों हाथ से जकड़ ले या उठाने की कोशिश करे

बचाव – झटके से निचे बैठ जाय और अपने एक पैर को बैठते हुए आक्रमणकारी के दोनों टांग में या बगल में डालते हुए, पलटी मार दे। आक्रमणकारी गिर जाएगा। गिरते ही उस पर जोरदार प्रहार करके भाग निकले।

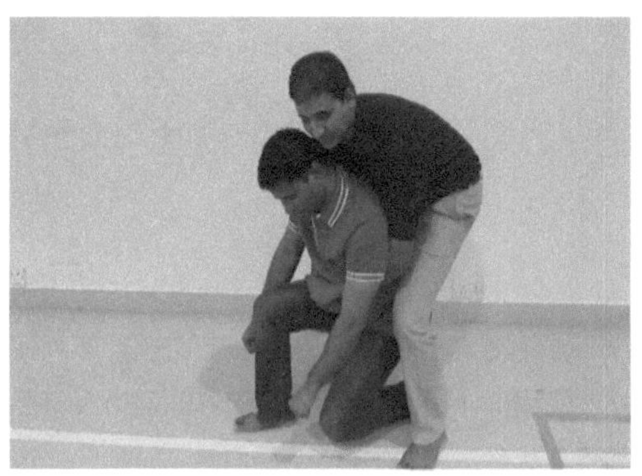

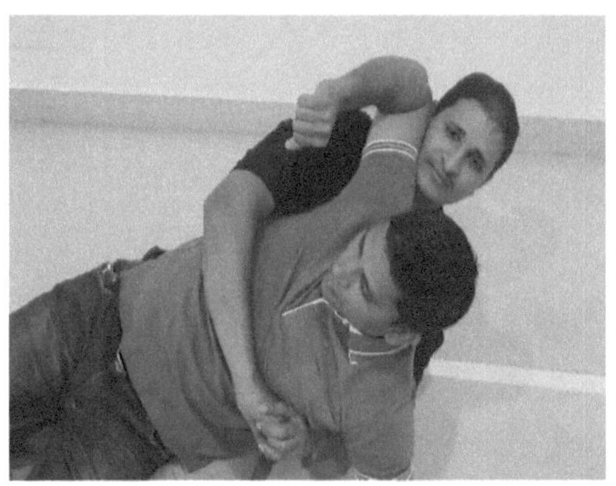

## ७ - प्रहार

अगर पीछे से आकर दोनों हाथ से कमर पकड़ ले

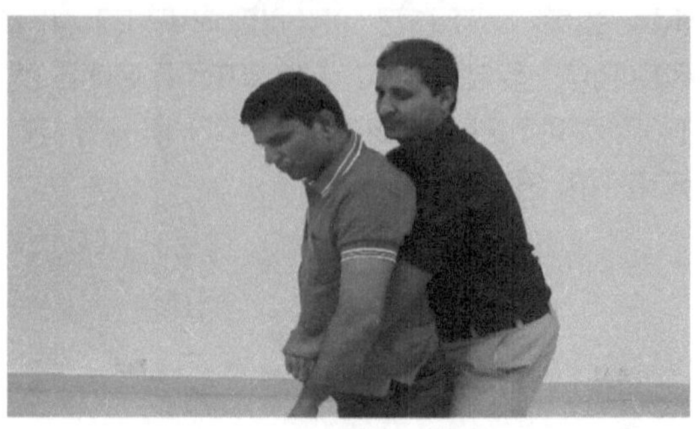

## बचाव

झटके से नीचे बैठते हुए उसका एक पैर पकड़ कर उपर उठाते हुए उसपर बैठ जाय। जोरदार प्रहार करके निकल पड़े।

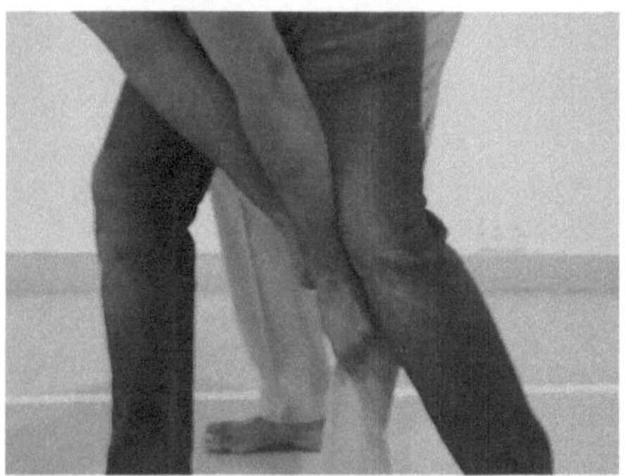

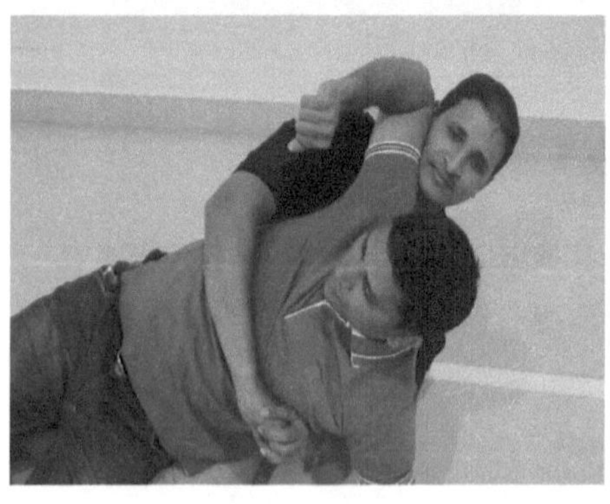

# ८ - प्रहार

पीछे से आकर दोनों हाथ से कंधो के निचे जकड़ ले

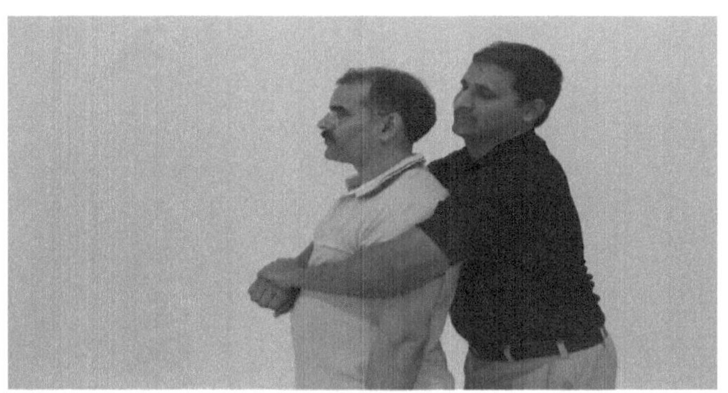

## बचाव

अपने दोनों हाथों को उपर उठायें और साथ - साथ तिरछा होकर नीचे बैठें । उसकी पकड़ ढीली हो जायेगी । फिर अपने पैर से उसके पैर को जोर से कुचले और अपने कुहनी से जोरदार प्रहार उसके हृदय या फेफड़े पर करें ।

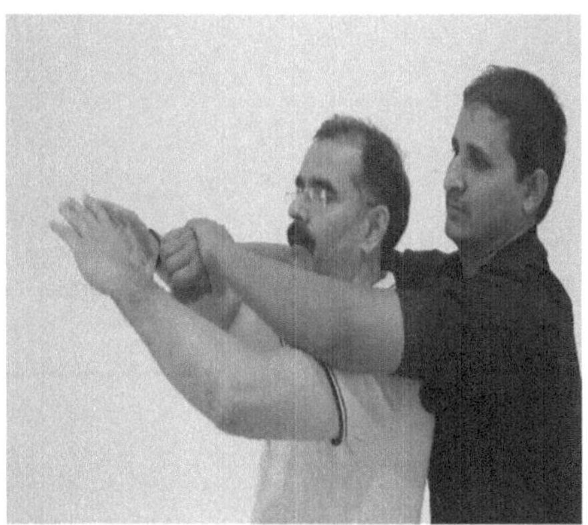

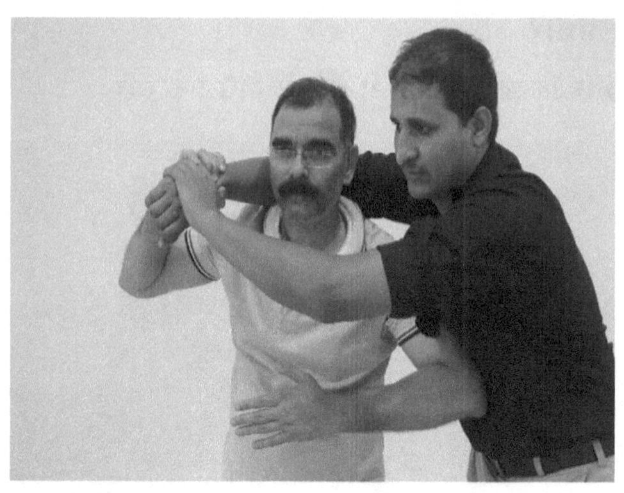

## ९ - प्रहार

आगे से वक्षस्थल या गला पकड़ने की कोशिश करे

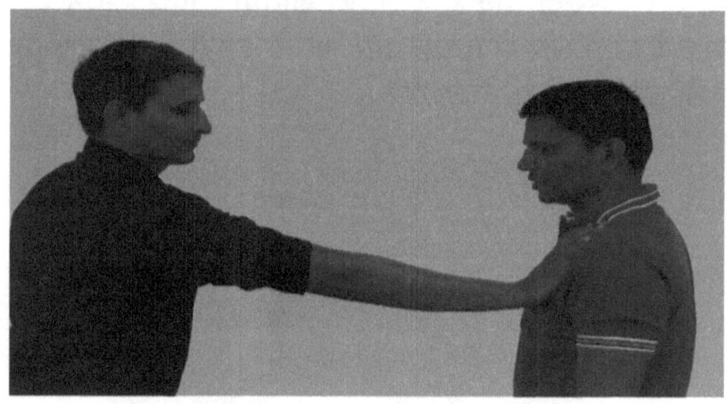

## बचाव

तुरंत पीछे के तरफ खिसकते हुए उसके उँगलियों को पकडे और उसे चीरते हुए निचे की तरफ खींचे । आक्रमणकारी नीचे गिर जाएगा ।

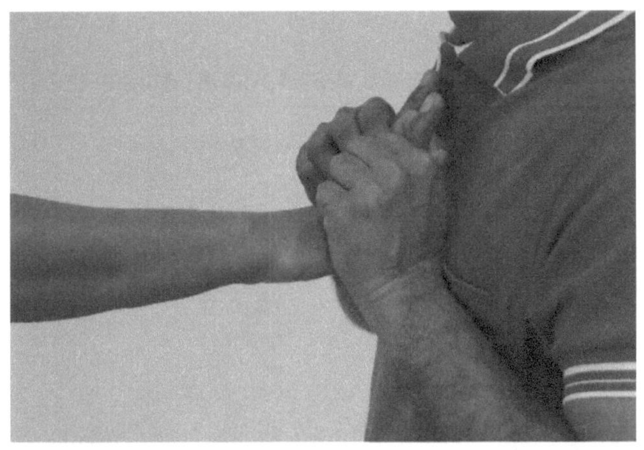

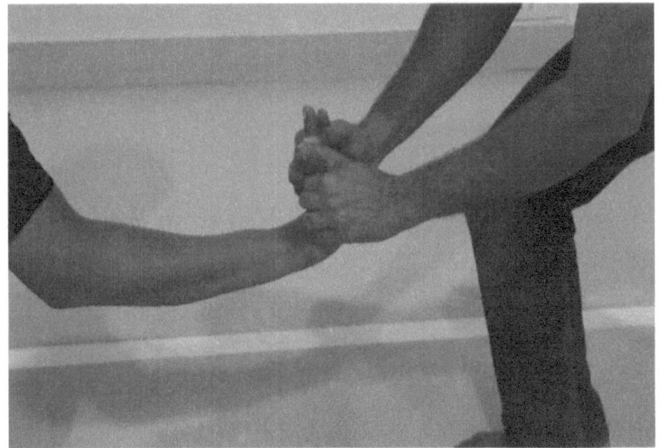

# १० - प्रहार

अगर कोई आपका हैण्ड बैग लेकर भागने की कोशिश कर रहा है

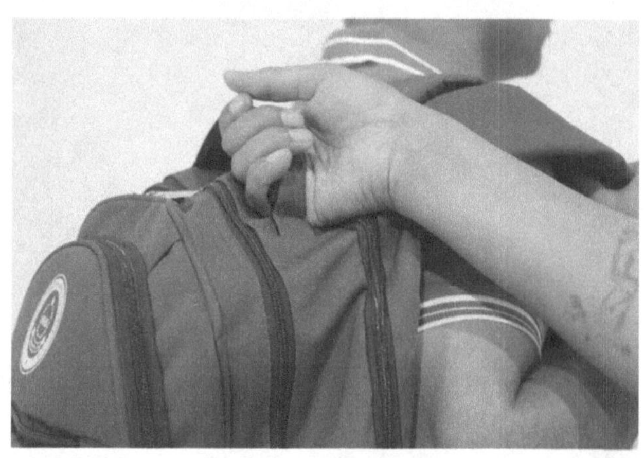

## बचाव

झटके से निचे बैठ जाएँ, आकस्मिक विपरीत झटके से आक्रमणकारी संतुलन खो देगा। गिरते ही एक जोरदार प्रहार करें।

# अध्याय १०

# प्राथमिक उपचार

एक सुरक्षा रक्षक को हमेशा प्राथमिक उपचार की जानकारी रखनी चाहिए । अगर कोई स्वास्थ्य सम्बन्धी घटना घटित होती है तो उस व्यक्ति को तुरंत सहायता पहुँचाया जा सके। प्राथमिक उपचार में प्रशिक्षित व्यक्ति को "फर्स्ट एडर "कहते हैं। उसकी जिम्मेदारी है की डॉक्टर के आने तक या पीड़ित को अस्पताल तक पहुचाने तक स्थित को सामान्य बनाए रखें। ख्याल रहे की एक फर्स्ट एडर, डॉक्टर का विकल्प नहीं है । उसका काम है की पीड़ित की स्थित को सामान्य बनाये रखें। प्राथमिक उपचार का मुख्य उद्देश्य निम्न है –

१ - व्यक्ति को जीवंत रखना

२ - परिस्थित को बिगड़ने से रोकना

३ - परिस्थित में सुधार लाना

इसलिए यह जरुरी है कि फर्स्ट एडर को प्राथमिक उपचार के बारे में अच्छी जानकारी हो । प्राथमिक उपचार से बहुत सी जान बचाई जा सकती है । इसलिए यह जरुरी है की समय - समय पर फर्स्ट एडर रिफ्रेशर कोर्स करते रहें । सुरक्षा टीम किसी भी आर्गेनाईजेशन में अनवरत मौजूद रहती है । इसलिए हो सके तो उसमे से कुछ लोगों को बहुत ही अच्छे ढंग से प्रतिष्ठित प्रशिक्षण संस्थानों में प्रशिक्षित कराना चाहिए । एक फर्स्ट एडर का आपातकाल में निम्न कर्तव्य होता है, जिसे ठीक ढंग से निभाना चाहिए ।

१ - परिस्थित को जल्द से समझे और उचित सहायता करें

२ - जल्द से जल्द डॉक्टर को बुलायें या पीड़ित को अस्पताल पहुचाएं

३ - मरीज के साथ बने रहें, जिससे डॉक्टर को पूर्ववत उपचार के बारे में बताया जा सके

४ - मरीज के परिजनों को सूचित करें

५ - आप खुद न घबड़ायें और दूसरों को भी न होने दें

हम कुछ आपातकालीन परिस्थितियों के बारे में आगे उल्लेखित करेंगे और उसके प्राथमिक उपचार के बारे में वर्णन करेंगे । प्राथमिक उपचार का प्रथम सिद्धांत है कि अपने आप को उपचार से पहले सुरक्षित करलें । प्राथमिक उपचार देते वक्त, आप किसी रोग के चपेट में न आ जाएँ । कभी – कभी परिस्थितियां आपके अनुकूल नहीं रहती है, जैसे कि कुछ लोग वमन या खून देखकर परेशान हो जाते हैं । इसलिए यह बहुत जरुरी है कि आप अपने को सहज बनाये और उसके बाद उपचार शुरू करें । प्राथमिक उपचार शुरू करते वक्त आपको चाहिए की -

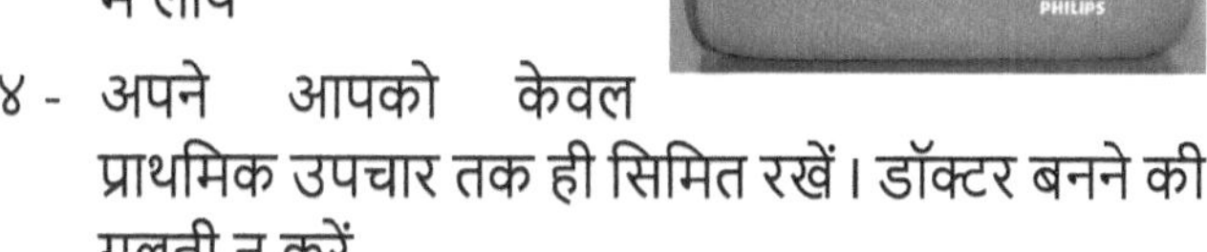

१ - परिस्थित को अच्छे ढंग से समझे

२ - यह सुनिश्चित कर लें की आपको और पीड़ित को किसी चीज से खतरा तो नहीं है

३ - पीड़ित को सहज अवस्था में लायें

४ - अपने आपको केवल प्राथमिक उपचार तक ही सिमित रखें। डॉक्टर बनने की गलती न करें

५ - जल्दी से पीड़ित को डॉक्टर या अस्पताल के हवाले कर दें

# आपातकालीन परिस्थितियां

## आग

आग लगने पर आप और दुसरे लोगों को उस जगह से तुरंत बाहर निकालें। आग बुझाने से पहले, लोगों को सहायता के लिए सूचित करें। धुएं वाले क्षेत्र में न जाएँ। अगर कोई दूसरा रास्ता नहीं है तो नीचे झुक कर, हो सके तो मुह पर गिला रुमाल रखकर निकलें। अगर किसी के कपड़े पर आग लग गयी होतो उसे जमीं पर लुढका दें, कम्बल या चद्दर से ढक दें और पानी से आग बुझा दें। आग बुझाते हुए ख्याल रखें कि जल्दबाजी में कोई ज्वलनशील पदार्थ से ढकने की कोशिश न करें। पीड़ित को तुरंत अस्पताल पंहुचा दें।

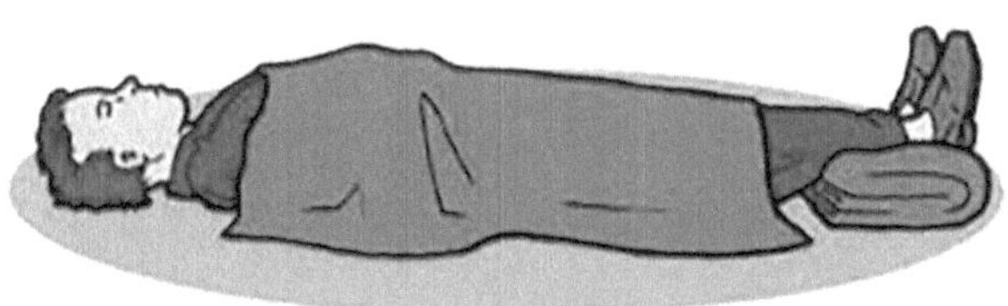

# विद्दुतीय आपातकालीन परिस्थित

जब तक यह सुनिश्चित न हो जाय कि इलेक्ट्रिक सप्लाई बंद है तब तक पीड़ित के पास ना जाय और ना छुयें। हाई वोल्टेज करंट लगभग १८ - १९ मीटर तक जमीं पर पसर जाता है। कभी भी आप उस तरंगों के चपेट में आ सकते हैं। सुनिश्चित होने पर, पीड़ित की सांस और नाड़ी को देखें और उपयुक्त सीपीआर दें। अगर कोई जलन हो तो उसका उपचार करके, अस्पताल पंहुचा दें।

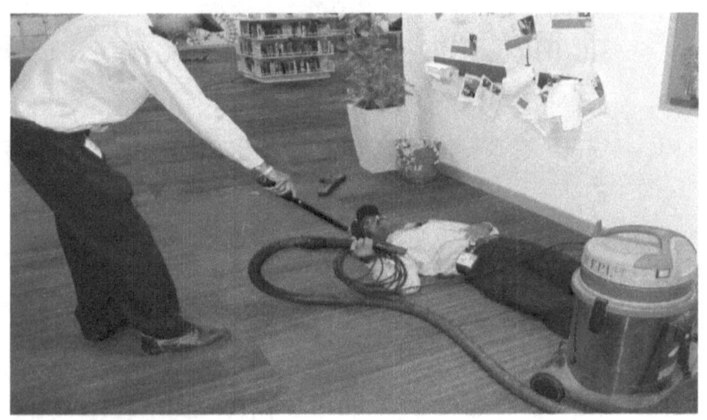

# पानी में डूबना

अगर कोई डूब रहा है तो उसे भरपूर बचाने का प्रयास करें। अगर संभव हो तो आप जमीं पर रहकर उसे लकड़ी या रस्सी फेंक कर पकड़ाए और उसे धीरे - धीरे खींच कर किनारे लायें । लोग जल्दबाजी में पानी में कूद जाते हैं। डूबनेवाला हडबडी में बचानेवाले को पकड़ता है। कभी - कभी वह बचानेवाले को लेकर डूब जाता है। अगर पीड़ित बेहोश है तो उस अवस्था में उसे खींचकर लाया जा सकता है। पानी में उतरने से पहले इस बात का हमेशा ध्यान रखें कि अगर आप प्रशिक्षित लाइफ सेवर हैं तो ही आप अंदर पानी में उतरें। पीड़ित को बाहर लाते हुए उसको

ऐसा पकड़े कि उसका सिर छाती से निचे झुका हो। बाहर निकाल कर उसके पेट से पानी निकालने की टेकनीक का प्रयोग करें और सीपीआर दें। पीड़ित को तुरंत अस्पताल में दाखिल करा दें।

## रोड एक्सीडेंट

आजकल रोड एक्सीडेंट में बहुत से लोगों की जान जा रही है। कुछ जाने तो प्राथमिक उपचार न देने के कारण चली जाती है। लोग कानून की परेशानियों से बचने के लिए पीड़ित को नहीं देखते हैं। दुर्घटना की सुचना तुरंत पुलिस को दें। घायल को सड़क से हटाकर सुरक्षित जगह पर लायें।अगर खून का रिसाव हो रहा है तो उसको बंद करने की कोशिश करें। खून रिसाव के कारण बहुत लोग अस्पताल पहुचते ही स्वर्गवासी हो जाते हैं।

# पून: होश में लाना/Resuscitation

बेहोशी की हालात या मूर्छा आने की स्थित में किसी भी तरह से पीड़ित व्यक्ति को होश में लाने की कोशिश करें । पहली प्राथमिकता उसके सांस को दें । साँस के बंद या कम होते ही, दिमाग में ऑक्सीजन कम हो जाता है और पीड़ित की मृत्य की सम्भावना बढ़ जाती है । इसलिए इस उपचार को सरल भाषा में समझने के लिए जीवन का ABC कहते है ।

A - Airway/वायु मार्ग - श्वसन क्रिया में आने वाले रास्ते खुले होने चाहिए । पीड़ित को सांस लेने में व्यवधान या संघर्ष न करना पड़े ।

B - Breathing/श्वसन - श्वशन क्रिया चालु रहे, जिससे ऑक्सीजन फेफड़ों में पहुंचे और शरीर में रक्त प्रवाह सुचारू ढंग से चले ।

C - Circulation/रक्त संचार – रक्त संचार के माध्यम से खून में निहित ऑक्सीजन शरीर के दुसरे अंगों को चलाये रखता है ।

इसलिए प्राथमिक उपचार करने से पहले पीड़ित का ABC जरुर देखें । वायुमार्ग खुला हो, श्वसन क्रिया चलती हो और रक्त संचार सुचारू ढंग से चलता हो । इसलिए आप तीन प्रश्नों का उत्तर खोजिये –

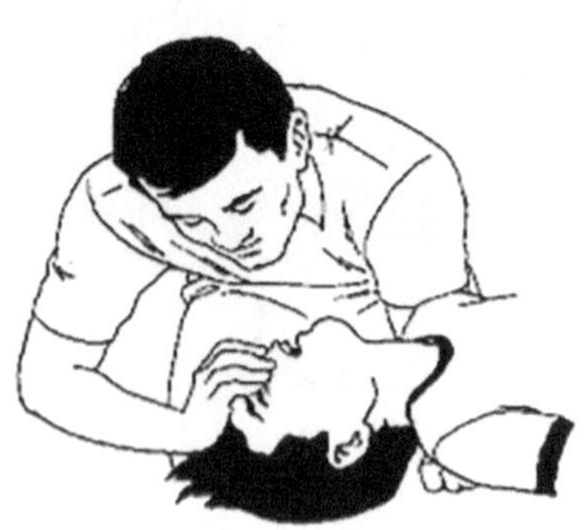

१ -  क्या पीड़ित होश में है?

२ -  क्या पीड़ित सांस ले रहा है?

३ -  उसकी नाड़ी की स्थित क्या है?

एक नजर में –

| खतरा | क्या आप और पीड़ित सुरक्षित हैं? |
|---|---|
| प्रतिसाद | क्या पीड़ित होश में है? |
| वायुमार्ग | क्या वायुमार्ग खुला है? |
| श्वास | क्या पीड़ित की सांस ठीक से आ रही है? |
| रक्त संचार | क्या नाड़ी ठीक से चल रही है? |

# फर्स्ट एडर का कर्तव्य

| स्थित | कर्तव्य |
|---|---|
| बेहोश, नाडी या सांस का न चलना | १ - तुरंत एम्बुलेंस या डॉक्टर को बुलाएँ<br><br>२ - सीपीआर या कृत्रिम सांस देना शुरू करें |
| बेहोश, श्वशन न चलना, नाडी चलना | — उपर्युक्त |
| बेहोश, श्वशन और नाडी उपस्थित | १ - पीड़ित को रिकवरी पोजीसन में डालिए<br><br>२ - कोई भी घाव जो धोखादायक है उसकी रोकथाम करें<br><br>३ - लोगों को सहायता के लिए बुलाये और पीड़ित को अस्पताल में दाखिल कराएँ |
| होश में, सांस और नाडी चल रही है | आवश्यकतानुसार प्राथमिक उपचार करें |

## होश/चेतना को जांचना

पीड़ित के नजदीक जाकर उससे पूंछे " क्या हुआ है ", " आँखे खोलो "। अगर कोई जवाब न मिले तो धीरे से पीड़ित के कंधो को थपथपाते हुए आवाज दें –

> ➢ अगर उसे थोडा भी होश है तो पीड़ित उत्तर देने की कोशिश करेगा

> ➢ अगर बेहोश है तो कोई उत्तर नहीं मिलेगा

## वायुमार्ग खोलना

बेहोशी की हालत में वायुमार्ग संकीर्ण या बंद हो जाता है। जिससे श्वसन लेने में कठिनाई होती है। कभी - कभी खरटि भरी आवाज आने लगती है। गले की मांसपेशियां के ढीला हो जाने से जीभ पीछे मुड जाती है। जिससे श्वसन नली अवरुद्ध हो जाता है। दो ऊँगली से ठोड़ी को उपर उठायें और सिर को धीरे से पीछे झुकायें। अगर जीभ बीच में अटकी थी तो हट जायेगी। अगर कोई चीज मुँह में अटकी हो तो उसे निकाल दें। सिर झुकाते हुए इस बात का ख्याल रखें की सिर या गर्दन पर कोई मार तो नहीं लगा है।

## श्वसन परिक्षण:-

पीड़ित के चेहरे के पास अपना सिर रखकर पीड़ित का मुँह और छाती को ध्यान से देखें, सांस की आवाज को सुनें और महसूस करें। परिक्षण के बाद पीड़ित की अवस्था को समझकर बताएं।

## नाड़ी परीक्षण:-

अगर हृदय की गति चल रही है तो उसके गले के पास या कलाई को छूकर नाड़ी की गति को महसूस करें

## रिकवरी स्थित:-

बेहोशी की हालत में पीड़ित को रिकवरी स्थित में रखना आवश्यक होता है। वेसुधि की हालत में पीड़ित का शरीर पर नियंत्रण नहीं रहता है। रिकवरी पोजीशन में सिर, गर्दन और पीठ एक सीधी रेखा की तरह एक तरफ/बगल रखकर सुलाया जाता है। सिर बाकी धड़ से निचे रहे। इससे मुँह में कुछ फसने का डर नहीं रहता है। रिकवरी पोजीशन में पीड़ित को बहुत ही सतर्कता से घुमाया जाता है। इसके लिए बहुत सावधानी बरतनी पडती है।

- ➢ बेहोश पीड़ित के पास अपने घुटने पर बैठे
- ➢ श्वसन क्रिया और वायुमार्ग को सुरक्षित करें
- ➢ पीड़ित के दोनों हाथों को मोड़कर, उसके सिर के पास लायें। हो सके तो हथेली उपर की तरफ रखें
- ➢ ध्यान से देखें की पीड़ित के मेरुदंड पर कोई मार तो नहीं है
- ➢ अगर सब सही है तो उसके आपसे दूर वाले पैर को घुटने से उपर जांघ के निचले हिस्से से पकड़ के थोड़ा उपर उठाएं। पीड़ित के पैर का पूरा पंजा जमीं पर रहे। फिर उसका दूर वाला हाथ उसके गाल पर रखते हुए अपने दोनों हाथों से अपने तरफ घुमाएं

> पकड़े हुए पैर को मोड़ कर जमीं पर रखें। जिससे पीड़ित को एक स्थिर स्थित मिल जाएगी

> अगर आवश्यक है तो पकड़ा हुआ हाथ सिर के नीचे रख दें। जिससे सिर को भी एक मजबूत स्थित मिल जाय।

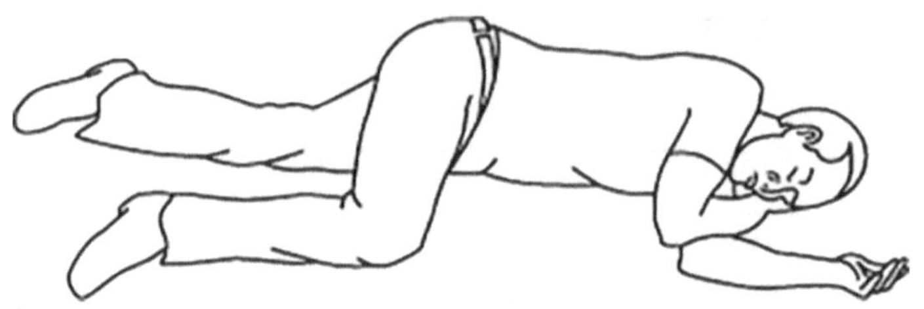

## कृत्रिम श्वसन:-

निःश्वास (exhaled air) में लगभग १६ % ऑक्सीजन रहती है। जिससे की पीड़ित को लाभ पहुंच सकता है। अगर नाडी चल रही है और श्वसन बंद है तो तुरंत १० ब्रिथ प्रति मिनट के हिसाब से पीड़ित को दें। फिर नाडी को चेक करें। इसे तब तक दुहराते रहें जब तक पीड़ित खुद सांस न लेने लगे या दूसरी चिकित्सा न उपलब्ध हो जाय। अब हम थोडा मुँह से मुँह श्वांस (mouth to mouth ventilation) देने की विधि के बारे में समझेंगे।

1. पहले वायुमार्ग चेक करें

2. ठोड़ी को थोडा उपर उठायें और सिर को पीछे झुकाएं

3. पीड़ित की नाक को अपने तर्जनी और अंगूठे से दबाकर बंद करते हुए, अपने होठों से उसके होठो को बंद करें। लेकिन उसका मुँह खुला रहे

4. जोर से अपनी सांस को उसके मुँह में फूंके और देखते रहें की उसकी छाती फुले। प्रेशर कुछ देर तक बनाये रखें

5. जब छाती फुल जाय तो अपना मुँह हटा दें। जिससे सांस बाहर निकले और छाती सामान्य हो जाय। यह प्रक्रिया लगभग १० बार करें फिर नाड़ी चेक करें

## रक्त संचार पुर्नस्थापन -

अगर नाडी नहीं चल रही है तो इसका मतलब हृदय गति बंद हो गयी है । रक्त संचार को पुर्नजीवित करने के लिए कृत्रिम संचार छाती पर दबाव/compressed करके देना चाहिए ।

> पीड़ित के बगल में घुटने के बल बैठ जांय। एक हाथ की तर्जनी और मध्यमिका ऊँगली से छाती के अंतिम भाग के बीचोबीच रखें/स्टर्नम हड्डी का अंत

> दुसरे हाथ की हथेली छाती के तरफ रखी हुई ऊँगली से सटाकर छाती पर रखें। दोनों हाथों की उँगलियों को आपस में जकड़ दें।

> दोनों कुहनियों को पूरा सीधा रखते हुए, पीड़ित के उपर झुकें

> फिर ब्रैस्ट बोन/छाती पर हथेलियों से दबाना - छोड़ना/ compression देना शुरू करें। कम्प्रेशन ४ - ५ से.मी. का होना चाहिए ।

> लगभग ३० कम्प्रेशन और २ ब्रिथ के अनुपात से सीपीआर चालु रखना चाहिए

पीड़ित को किसी भी तरह से जीवंत रखने की कोशिश करें। अन्यथा ऑक्सीजन की कमी के कारण उसकी मौत निश्चित है।

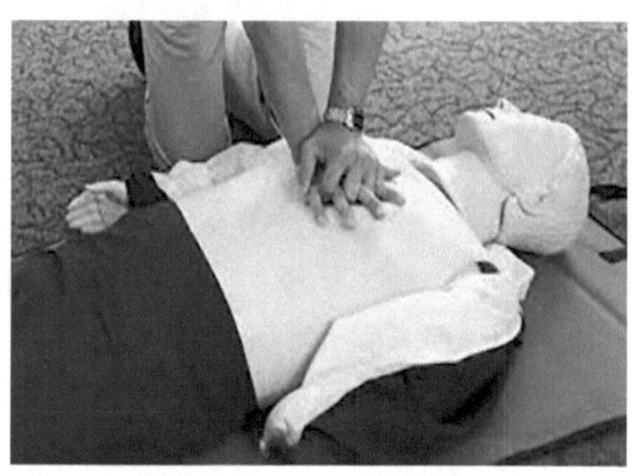

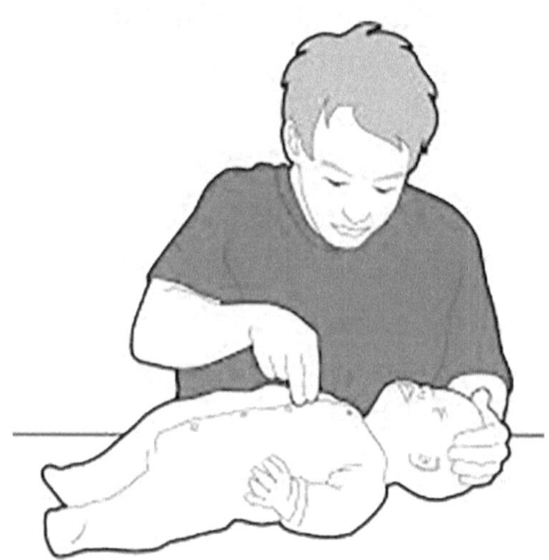

# Annexure

## Application for ID card Long term

(Contractor/vendor/consultant etc.)

Photo

**Personal Details**

Name:- _______________________________________________

Organisation:- _________________________________________

Address:- _____________________________________________

Nature of job:- ________________________________________

**Contact no:-**

Office:-                    Resi:-                    Mobile:-

Signature:-

## Organisation Details

### (To be filled by Organisation staffs for whom s/he is associated)

Name:-

Dept:-

Extn:-

Signature:-

# Theft Report

## Case No.

## I. BRIEF INCIDENT DETAILS

Date of Incident:-

Incident:-

Complainant:-                    Contact no.:-

Item last seen on (day & date):-

Location of theft:-

## II. BRIEF HISTORY

_______________________________________

_______________________________________

_______________________________________

_______________________________________

## III. INVESTIGATION

(Please specify the full name & designation) - - - - -
(when, what, where why, how)

1. Name:- _______________________________

Designation:- ____________________________

Comments:- ______________________________

_______________________________________

_______________________________________

2. Name:- _______________________

Designation:- _______________________

Comments:- _______________________

_______________________

_______________________

3. Name:- _______________________

Designation:- _______________________

Comments:- _______________________

_______________________

_______________________

# IV. SUMMARY & CONCLUSION (in details)

_______________________

_______________________

_______________________

_______________________

_______________________

_______________________

_______________________

Investigation Officer:- _______________________

Completion Date:- :- _______________________

# Fire Safety Check list

Name of organisation with address:

Date:-

| Fire Safety Management | | | | |
|---|---|---|---|---|
| | Yes | No | N/A | Remarks |
| Has the fire risk assessment been carried out? | | | | |
| Is the fire risk assessment record available? | | | | |
| Have staff been suitably trained for these measures? | | | | |
| Is emergency evacuation plan prepared? | | | | |
| Are staff members familiar with their role and responsibility in the event of a fire? | | | | |
| **Escape Routes** | | | | |
| Is everyone familiar with all escape routes? | | | | |
| Are these routes clear? | | | | |
| Can fire escape doors be opened easily? | | | | |

| | | | | |
|---|---|---|---|---|
| Do all internal self - closing devices work correctly? | | | | |
| Are emergency light and exit signs working and in good condition? | | | | |
| Are the emergency escape lighting systems properly tested and maintained? | | | | |
| **Fire Prevention - General** | | | | |
| Are flammable materials properly stored and controlled? | | | | |
| Is all waste regularly placed in a safe place ready for collection? | | | | |
| How is housekeeping of the premises? | | | | |
| Is the entire heating installation in good order? | | | | |
| **Fire detection and warning systems** | | | | |
| Is the fire panel working satisfactorily? | | | | |
| Is testing schedule of detection system fixed? | | | | |

| | | | | |
|---|---|---|---|---|
| Did the alarm system work correctly when tested? | | | | |
| **Firefighting system** | | | | |
| Is sufficient numbers of firefighting gadgets installed in the premises? | | | | |
| Are all fire extinguishers in place and clearly visible? | | | | |
| Is all firefighting equipment in good working order? | | | | |
| Is the external access for the fire services readily available and free of obstructions? | | | | |
| Is fireman switch available in elevator? | | | | |
| Are sufficient fire safety notices and signs used throughout the premises | | | | |

Domestic Form

Photo

| Contractor Details (if thru contractor) | | Name of Employee | | Date of Birth | |
|---|---|---|---|---|---|
| Local Address | | | Permanent Address | | |
| Qualification | | | Experience | | |
| Father Name | | | | | |

| Occupation | | | | |
|---|---|---|---|---|
| Mother Name | | Thumb Impression | Left Hand | Right Hand |
| Occupation | | | | |
| Any other details | | Signature | | Joining Date |
| Identification Mark | | | Trade | |
| Reference with details | | Address proof | Electricity bill/Telephone bill/Ration card/Voter card etc | |
| Remarks | | | | |

# Organisation name

Address

Material GATE PASS FORM

Returnable/Non - Returnable

Date: _______________          Sr. No.: _______________

Expected Date of Return: _______________

From: (department)

Security/Vendor/book copy

Name: _______________________________________

_______________________________________

_______________________________________

_______________________________________

_______________________________________

Purpose of Material Shifting: _______________________

_______________________________________

_______________________________________

_______________________________________

_______________________________________

| SR. NO. | DESCRIPTION OF MATERIALS: | QUANTITY | REMARKS |
|---|---|---|---|
| 1 | | | |
| 2 | | | |
| 3 | | | |
| 4 | | | |
| 5 | | | |
| 6 | | | |
| 7 | | | |

## INSTRUCTIONS TO SECURTIY IF ANY:

**REQUESTD BY**        **AUTHORISED BY**

**CARRIED BY**        **COMPANY NAME**

लगभग ३० साल के सिक्यूरिटी प्रोफेशन में रहने के बाद, मैंने सोचा कि अपने अनुभव को लिपिवद्ध किया जाय । जिससे नयी पीढ़ी को फायदा पहुचे। सुरक्षा विभाग के कर्मचारी मुख्यतः मध्यम वर्ग से आते हैं । इनके लिये कोई उचित ट्रेनिंग की व्यवस्था नहीं है । एजेंसियां ट्रेनिंग के बारे में दावा तो करती हैं, लेकिन बहुत ही कम एजेंसिया हैं जो इसे पूरा करती हैं । प्रशिक्षण एक शास्वत चलने वाला विषय है । रोज नयी – नयी टेक्नोलॉजीज आ रही हैं । अपने आप को उसके अनुरूप तैयार करना चाहिए।

प्रिय पाठकगण, हम उम्मीद करते हैं कि इस पुस्तक से आपको जरुर सुरक्षा के काम में सहूलियत मिलेगी । इन दस अध्याय में विषयों को संछिप्त रूप में लिखा गया है । आप को चाहिए की उस के बारे में और विस्तृत जानकारी करके अपने ज्ञान को बढ़ाएं । इस प्रोफेशन ने हमे सब कुछ दिया है । अब हमारी लौटाने की बारी है । हम ज्यादा से ज्यादा नौजवानों तक पहुचना चाहते हैं । **इस पुस्तक से कमाया हुआ धन, ट्रेनिंग इंस्टिट्यूट की स्थापना में खर्च होगा । जिससे कि लोगों को इस प्रोफेशन**

**के लिए तैयार किया जा सके** । आप अपनी प्रतिक्रिया कृपया इस मेल पता पर अवश्य दें – **dbraisensei@gmail.com** । जिससे दुसरे संस्करण में उसे समाहित किया जा सके ।

बहुत – बहुत धन्यबाद!!

जय हिन्द !!

**Disclaimer:** If anyone has any concern on any topic or photos, please feel free to reach me for correction.